강의
디자인

강의 디자인

1판 1쇄 발행 2020년 01월 31일

지은이 : 우석진
펴낸이 : 우석진
편집 디자인 : 김효정

펴낸곳 샌들코어
출판신고 제 2017-000004호(2012년 6월 26일)
경기도 여주시 신단1길 46
홈페이지 www.sandalcore.com
전 화 02)569-8741
팩 스 02)6442-5013
도서문의 dalgonas@gmail.com

ⓒ 우석진
ISBN 978-89-98001-12-4

이 책은 저작권법에 따라 보호받는 저작물이므로 무단전재와 무단복제를 금지합니다.

이 책 내용의 전부 또는 일부를 이용하려면 반드시 저작권자와 샌들코어의 서면동의를 받아야 합니다.

⦿ 잘못된 책은 구입처에서 바꿔 드립니다.
⦿ 책값은 뒤표지에 있습니다.

이 도서의 국립중앙도서관 출판예정도서목록(CIP)은 서지정보유통지원시스템 홈페이지(http://seoji.nl.go.kr)와 국가자료종합목록 구축시스템(http://kolis-net.nl.go.kr)에서 이용하실 수 있습니다. (CIP제어번호 : CIP2020001247)

※ 도서에는 무료 서체인 조선일보명조, 예스, 나눔손글씨 나무정원과 바른 히피, Kopub돋움이 사용되었습니다.
   공유해주신 모든 분께 감사드립니다.

※ 도서의 한글 표기법 중 표준어인 '콘셉트'는 발음하기 편한 '컨셉'으로 통일하여 사용하였습니다.

강의 디자인

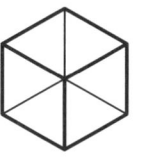

샌들코어

Prologue

너무 바쁘지만
강의도 잘하는
그런 사람

A 기업과 사내강사 교육 과정을 논의하던 중 사내 강사들이 너무 바쁘다는 이야기를 들었습니다. 그래서 교육을 듣는 것 자체도 아까워한다고….

'너무 바쁘지만 사내 강의도 잘하는 강사의 비밀'

강의 컨셉과 제목을 한참을 고민하다가 있는 그대로 적었습니다. 강의 시작 전 교육생인 강사들이 표지 슬라이드 제목을 보고 웃습니다. 그럼 일단 안심입니다.

"정말 그러고 싶었는데 가능할까?"
"에이, 설마? 그럴 수 있다면 너무 좋겠는데!"

강의는 '상대의 마을을 헤아리는 지혜'입니다.
마음을 다하는 것이 1순위이고 방법과 기술은 한참 뒤쪽입니다.

Prologue

좋은 버릇 여든까지 갈 수 있도록

나이 들어 수영을 배우기 시작한 첫날, 동기 아이들과 똑같이 '음파 음파' 들숨 날숨을 배웠습니다. 수업 시간 내내 호흡법이 중요하다고 귀가 따갑도록 들었습니다.

강사에게 중요한 '음파 음파'를 뽑는다면 강의를 대하는 '태도'입니다. 강의와 교육생에 대한 마음이 태도로, 태도가 습관으로 어느샌가 슬며시 둥지를 틀 테니까요.

이 책은 강의를 처음 시작하면서 좋은 태도를 지니고 싶은 분들과 현재 강의를 하면서 생긴 나쁜 버릇을 교정하고 싶은 분들을 위한 것입니다.

함께 여든, 아니 *120세까지 가봅시다.

저자 우석진

*UN 생애주기
2015년 UN은 생애주기를 120세로 변경했다.
0~17세 미성년자, 18~65세 청년, 66~79세 중년,
80~99세 노년, 100세 이상 장수노인

Contents

Prologue   04

PART 01 강의 불변의 법칙   13

01. 태도가 강의를 만든다   16
      Episode 01 요리는 누구나 할 수 있다? 없다?   22

02. 남 앞에 서려면 T-Shape로 자격을 갖춘다   30

03. 강의장의 에너지 총량은 언제나 같다   40
      Episode 02 여러분들 것을 먼저 볼까요?   48

04. 강의는 자신이 말하는 대로 이루어진다   50

05. 말과 행동은 언제나 하나다   56
      Episode 03 무엇을 시작하는 이들에게 필요한 강의란?   62

PART 02 정보 디자인 65

01. 그러니까 나로 말할 것 같으면 68
Episode 04 강의를 잘하고 싶은데 맨날 제자리걸음 82

02. 지금부터 캐릭터의 실전 전투력을 측정합니다 90
Episode 05 교육생들이 70대 이상 교장 선생님 출신요? 106

03. 니들이 우리 교육생들의 맘을 알아? 108
Episode 06 순서와 내용이 똑같은 강의를 원하시나요? 128

04. 결국 지구의 문제를 해결하는 건 슈퍼 히어로! 130
Episode 07 너무 복잡한데 어떻게 강의 핵심을 찾죠? 146
Episode 08 평소에 어떻게 강의 아이디어를 얻나요? 152

Contents

PART 03 설계 디자인   155

01. 여행은 준비할 때가 가장 즐겁다   158
    Episode 09 강의 준비할 시간이 진짜 없다니까요.   172

02. 언제나 몇 번이라도 심플함이 이긴다   174
    Episode 10 어떻게 강의 슬라이드 없이 강의하죠?   184

03. 컨셉, 점을 연결해서 이름을 짓다   186
    Episode 11 억지로 연결한다고 컨셉이 만들어질까?   212

04. 화성에서 온 강사 금성에서 온 청중 지구에서 사는 법   214

05. 10점 만점에 10점은 오직 연습뿐   228
    Episode 12 좋은 사이트는 혼자 감춰 두고 있죠?   258

06. 여전히 스토리는 힘이 세다   260
    Episode 13 더 분발하라는 강의는 강하게 해야 하죠?   268

07. 스토리를 잡으려면 스토리 굴로 들어가라   276
    Episode 14 1, 2층 500명의 청중이 기다리고 있습니다.   312

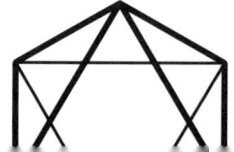

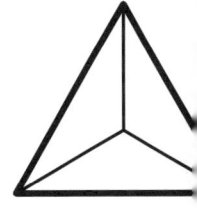

PART 04 작성 디자인 315

01. 잭~ 콩나무 줄기는 큰 녀석을 잡아! 318

02. 착한 양도 틈만 나면 우리를 탈출하지 334
      Episode 15 꼭 바꿔야 할 것과 꼭 지켜야 할 것 350

03. 내 것은 국제 표준인데 왜 맞지 않죠? 352
      Episode 16 표준은 지키라고 있는 거 아닌가요? 360

04. 죽은 강의도 살린다는 강의 디자인 362

PART 05 강의 디자인 수련 373

Epilogue 398

PART 01

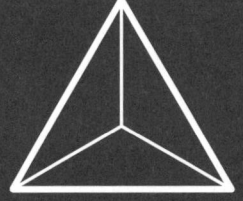

강의
불변의 법칙

불변

사물의 모양이나 성질이 변하지 아니함,
또는 변하게 하지 아니함.

강의에서 불변이란
지극히 당연한 것들뿐이다

Manners Maketh Lecture.

❶ 태도가 강의를 만든다

영화 〈킹스맨〉에서 나왔던
'Manners maketh man.'

태도는 사람도, 강의도 만듭니다.
강사의 좋은 태도가 좋은 강의를 만듭니다.

이것은 10년 내공의 강사에게도
오늘 처음 강의를 시작하는 새내기에게도
불변의 제1원칙입니다.

강의
Galaxies

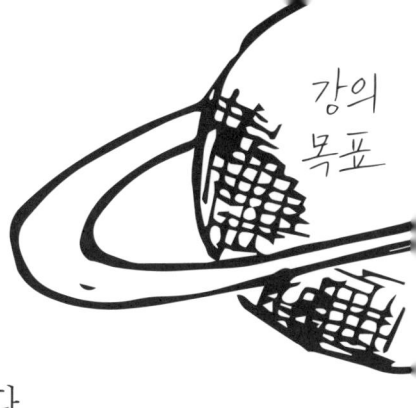

강의 목표

교육생의 태도가 좋으면
강의장 분위기가 살아나고
행복한 강의를 할 수 있습니다.

강사의 태도가 좋으면
강의 준비를 많이 하게 되고
교육생의 문제를 해결할 수 있습니다.

강사와 교육생의 태도가 나쁘면
강의장은 숙면과 스마트폰 모드로 바뀝니다.

가장 위험한 상황은
교육생은 열정이 넘치는데
강사는 무기력한 태도를 보일 때입니다.

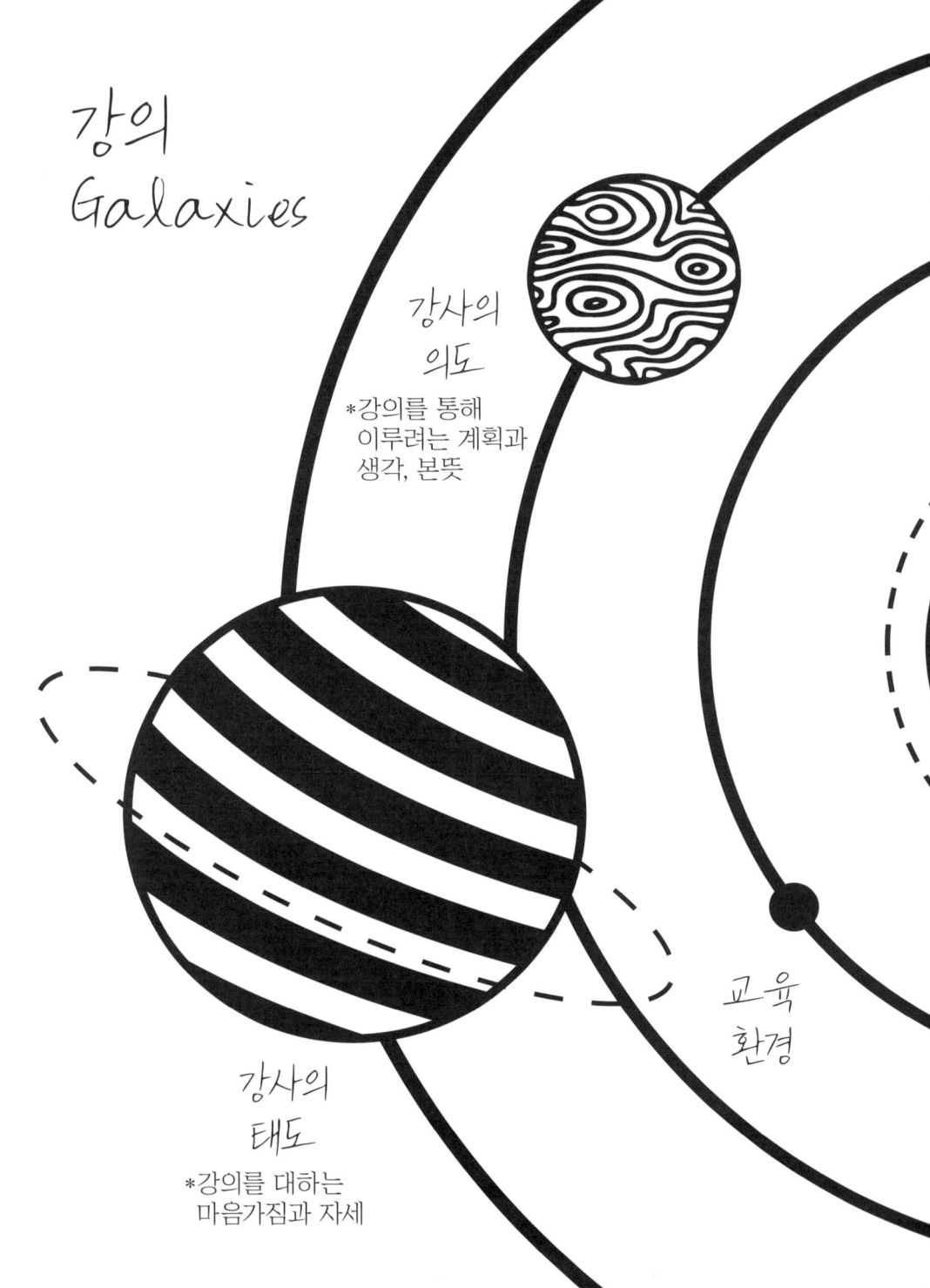

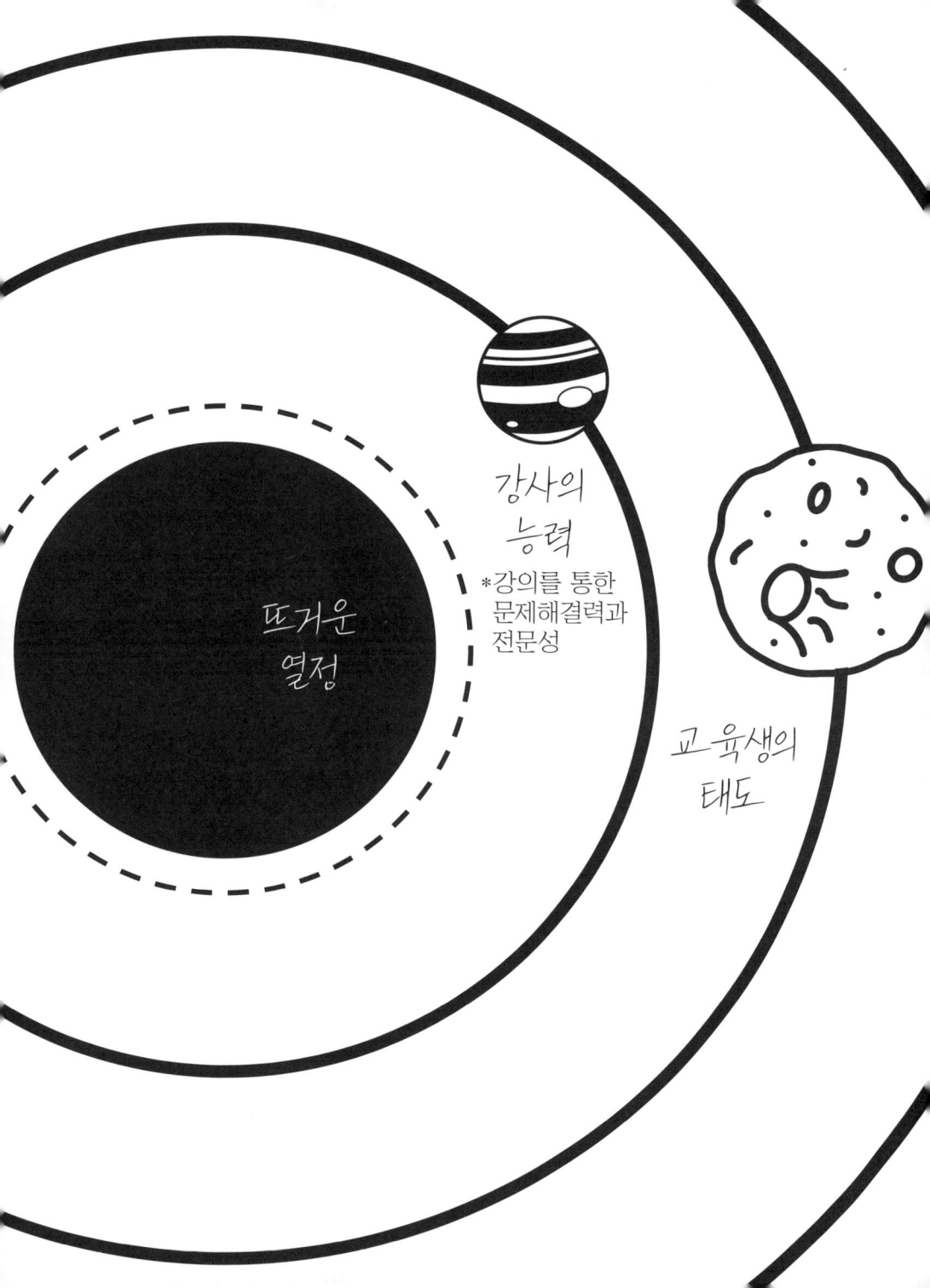

요리는 누구나 할 수 있다? 없다?

빠른 손놀림과 요리에 대한 열정을 지닌 생쥐 '레미'가 우여곡절 끝에 프랑스 최고 요리사로 거듭나는 과정을 그린 픽사 애니메이션 〈라따뚜이〉에서 영화 내내 외치는 한마디!

"요리는 누구나 할 수 있다!"

이렇게 말하곤 주인공 '레미'는 마지막에 어려워 보이는 프랑스 가정식 요리 라따뚜이를 선보인다. 나도 쉽게 라따뚜이를 만들 수 있을지 궁금해졌고 확인 차원에서 도전해 보았다. 그런데 이게 웬일인가? 마치 한국의 김치찌개처럼 너무나 쉽고 아름답게 만들어지는 것이 아닌가? 구하기 쉬운 가지, 감자, 치즈, 호박, 토마토 정도만 비슷한 크기로 썰어서 프라이팬에 순서대로 넣고 소스와 올리브유를 두른 후 오븐에서 30분이면 끝.

Episode 01

아빠가 만든 프랑스 요리를 서로 칭찬하며 맛나게 먹는 아이들을 보니 없던 자신감도 생겼다. 라따뚜이 애니메이션에서 최고의 요리 평론가 '안톤 이고'의 대사가 힘을 실어준다.

"누구나 예술가가 될 수는 없지만, 그 배경이 장애가 되진 않아."

'1인 콘텐츠 크리에이터'라고 칭하는 요즘 시대에서는 전 세계 사람들이 모두 강사다. 물고기를 많이 키워 봤다면 물고기를 처음 키울 때 조심해야 하는 노하우를, 정원에서 장미를 키우고 연못을 만들어 봤다면 연못 정원을 아름답게 가꾸는 방법으로 카메라 앞에 설 수 있다. 까다로운 강사의 자격은 '할 수 있다!' 다음의 문제이고 고민이다. 좀 더 다르고, 새롭고, 놀라운 강의를 하기 위한 제2의 관문이니까. 어쨌든

"강의는 누구나 할 수 있다!"

나에게 강의란?

사랑의 짝대기를 그려보세요.
선택 결과에 따라 당신이 지닌 강의 태도를
확인할 수 있습니다.

* 귀차니즘

* 자기 계발

* 시간 낭비

* 세상 억울

* 미래 준비

* 스트레스

* 알짜 공부

* 인생 투잡

나에게 강의란?
불편한 것!

당신이 선택한 강의 태도는
귀차니즘이 발동하니 대충 준비하고
시간 낭비라고 여겨지니 있던 것을 짜 맞추고
나만 애써서 강의하니 억울하다고 불평을 늘어놓고
스트레스 받으니 자꾸 집중이 흐트러지는
그런 강의를 하게 됩니다.

* 귀차니즘

* 자기 계발

* 시간 낭비

* 세상 억울

* 미래 준비

* 스트레스

* 알짜 공부

* 인생 투잡

나에게 강의란?
또 다른 기회!

당신이 선택한 강의 태도는
자기계발 기회라고 생각하니 신명 나고
미래를 준비하는 시간이니 더 새로운 것을 찾고
알짜배기 공부라고 여기니 더 나누려고 하고
인생에서 두 번째 직업을 꿈꾸니 더없이 행복한
그런 강의를 하게 됩니다.

* 귀차니즘

* 자기 계발

* 시간 낭비

* 세상 억울

* 미래 준비

* 스트레스

* 알짜 공부

* 인생 투잡

남 앞에 서려면
T-Shape로
❷ 자격을 갖춘다

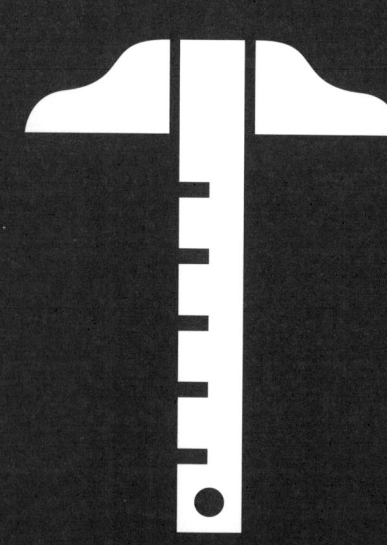

강사의 두 번째 불변 법칙은
T-Shape라는 자격인데
깊이와 넓이가 잣대입니다.

깊이만 있거나 넓이만 있어도
나름의 강의는 가능하겠지만
남 앞에 제대로 서려면 'I'형 보다는
강사의 황금비율 'T'자를 닮아야 합니다.

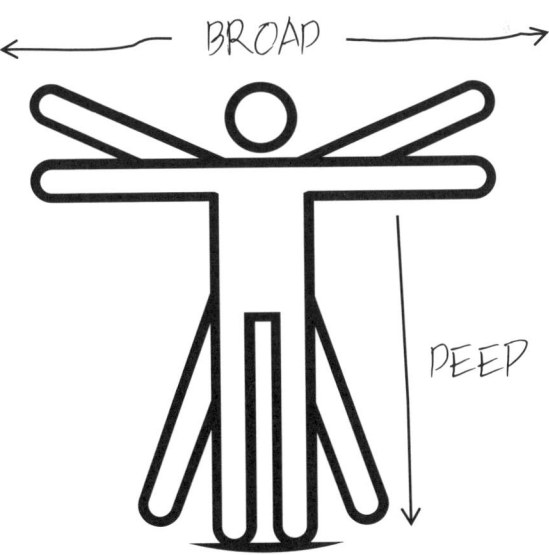

나의 깊이

전문 기술과 경험의 자격.
해당 분야에 대한 자신만의 노하우로
다양한 지식을 전달합니다.

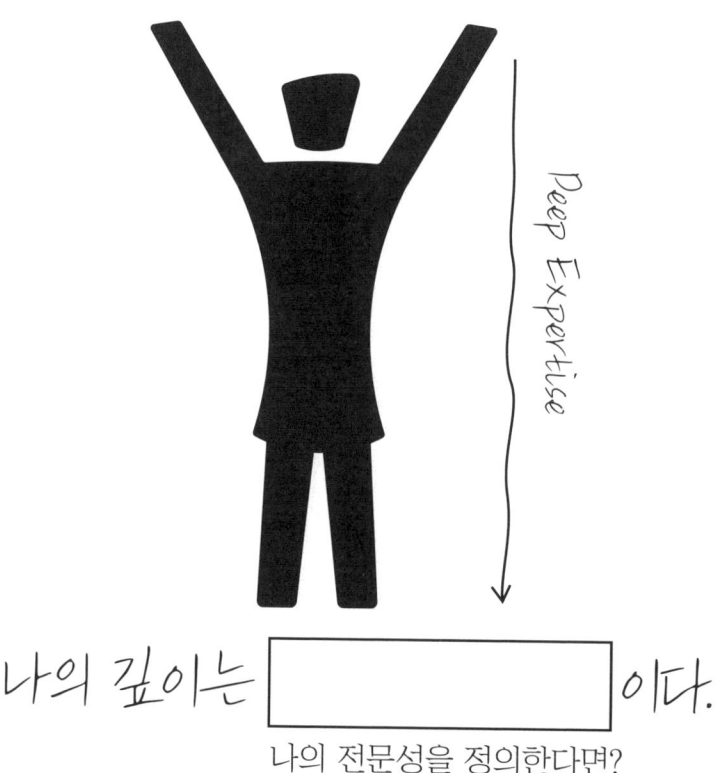

나의 깊이는 ☐ 이다.
나의 전문성을 정의한다면?

나의 넓이

지혜에 대한 자격.
새롭고 다른 문제 해결에 대한
접근이 가능합니다.

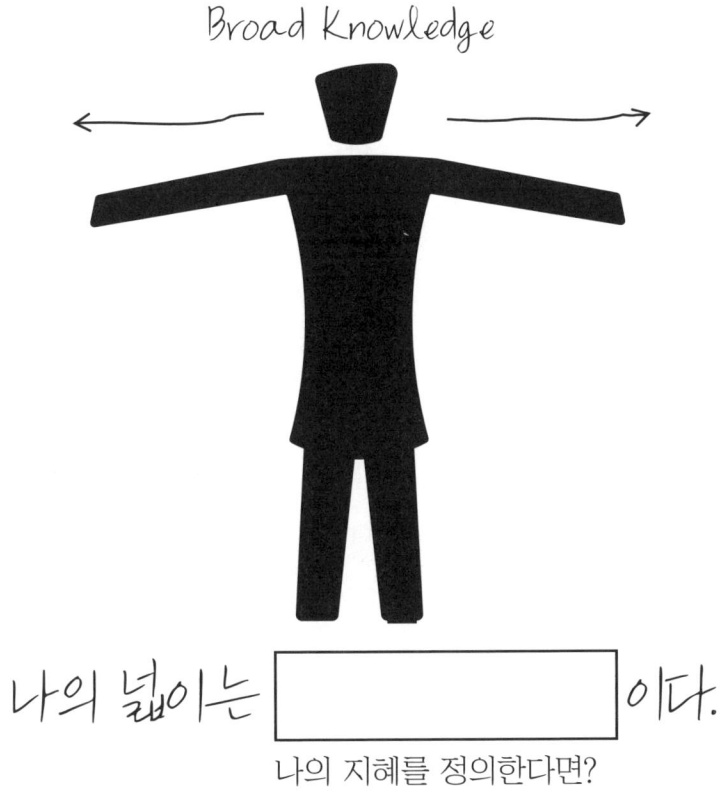

Broad Knowledge

나의 넓이는 [   ] 이다.

나의 지혜를 정의한다면?

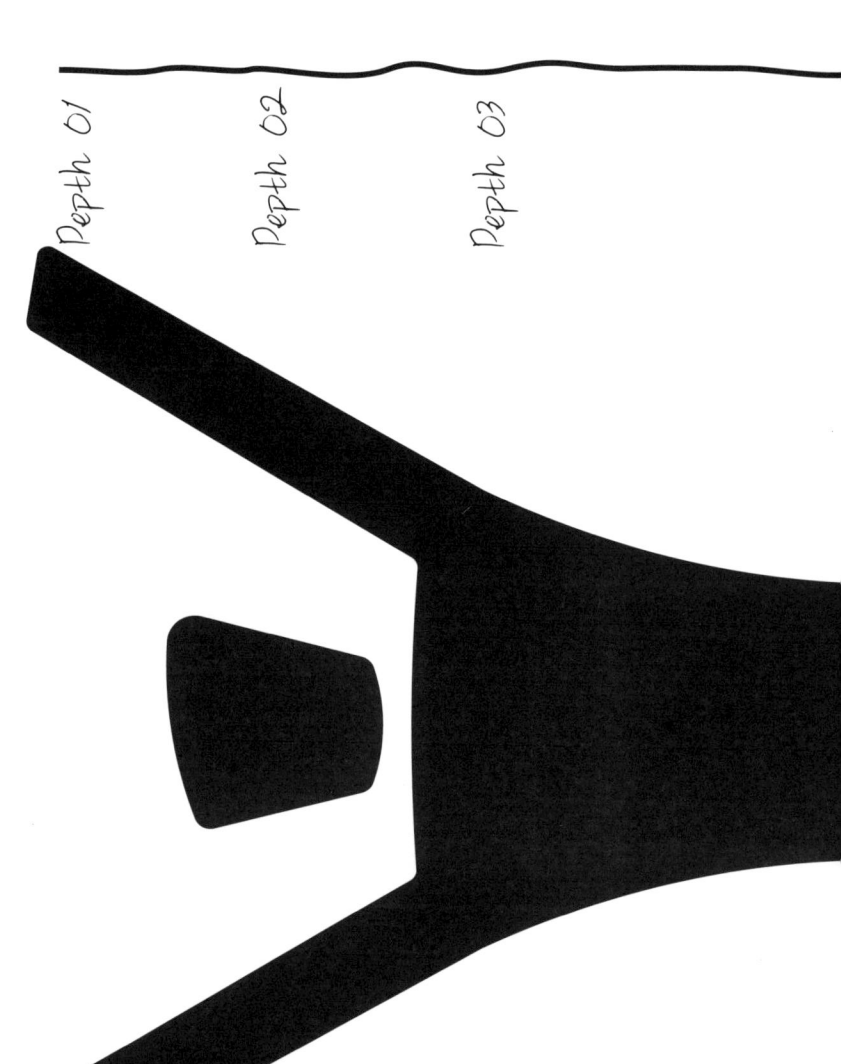

나의 깊이

Depth 01
Depth 02
Depth 03

Depth 04

Depth 05

*나의 길이를 말해 줄 구간을 표시하고, 내용을 채워 보세요.

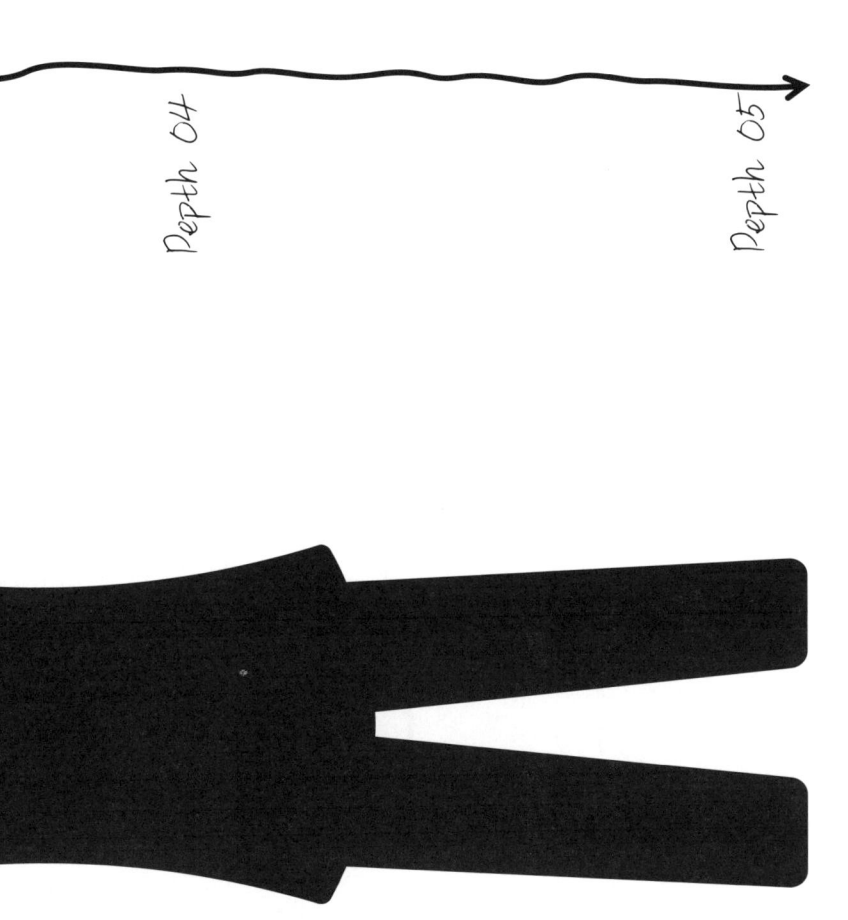

나의 넓이

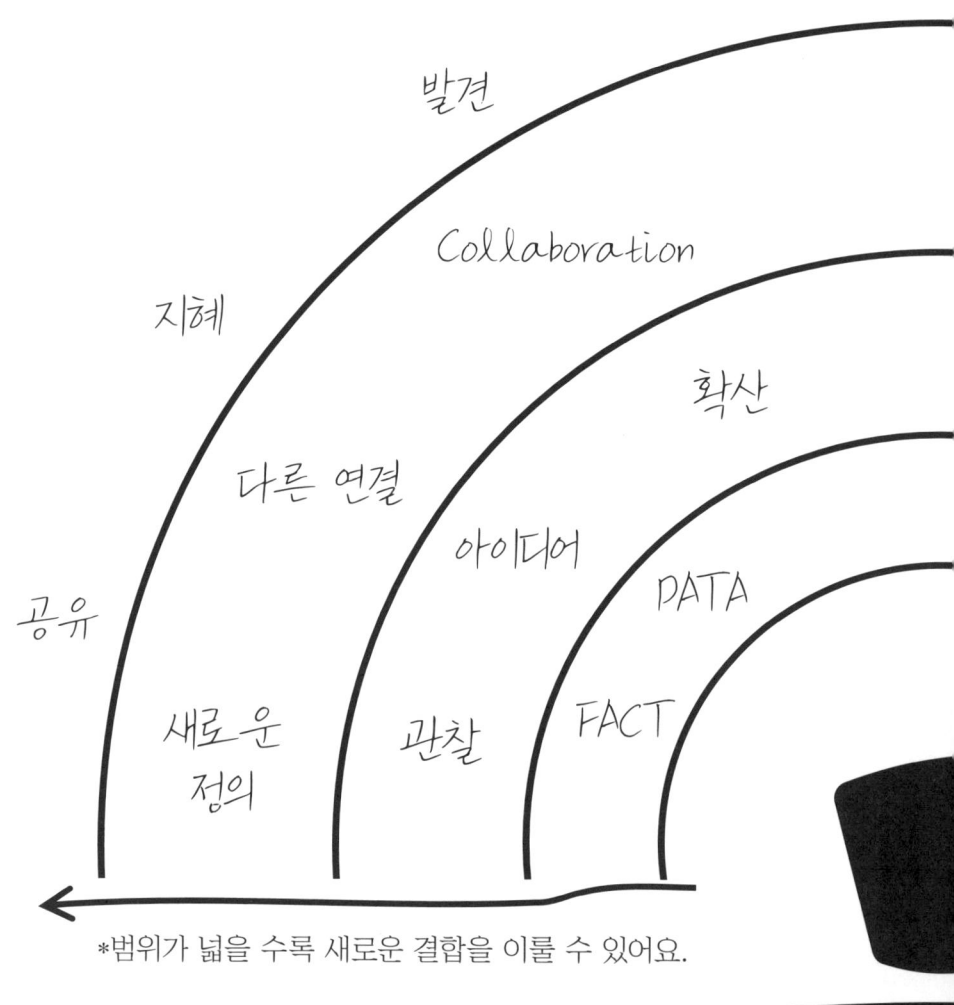

*범위가 넓을 수록 새로운 결합을 이룰 수 있어요.

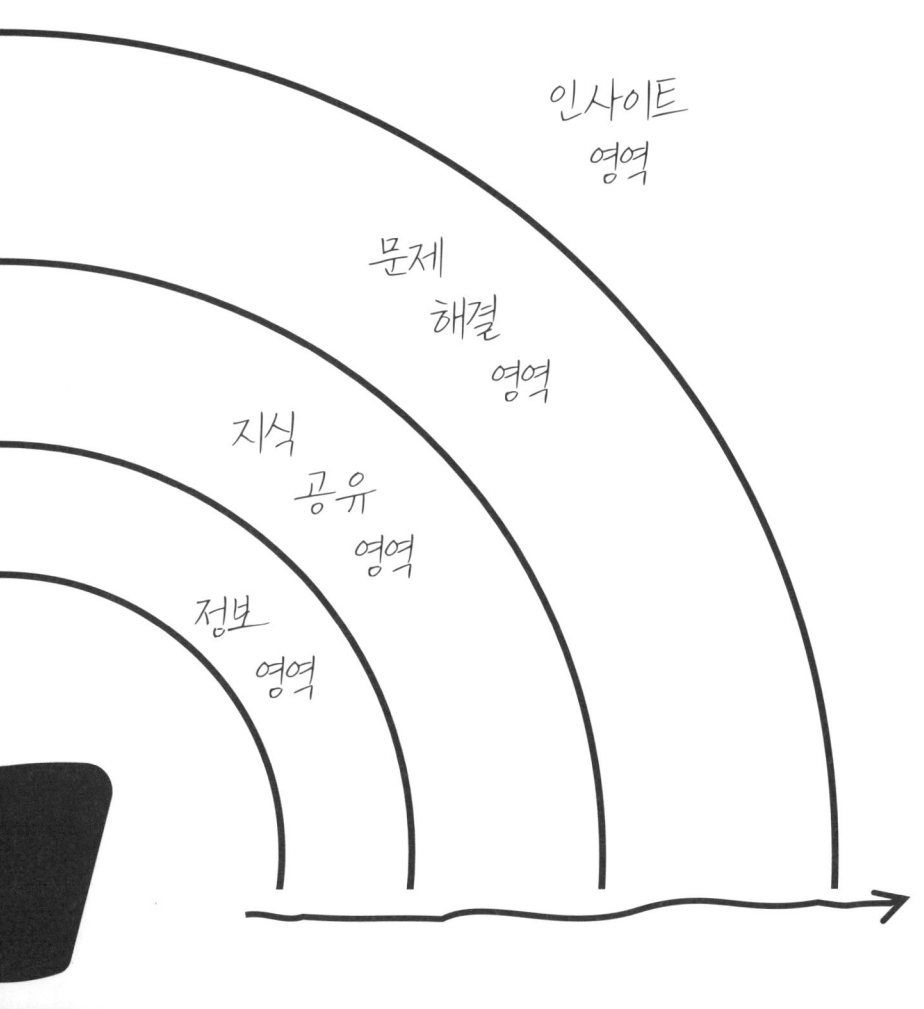

나의 넓이

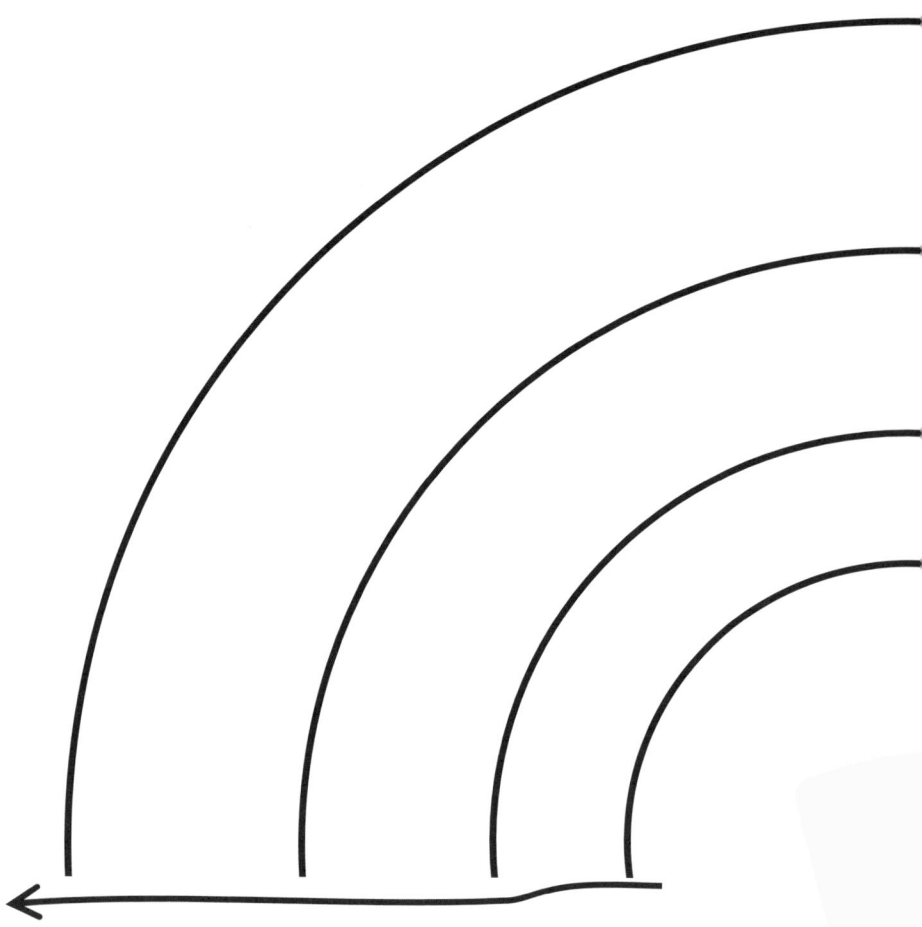

*나의 넓이 만큼을 표시하고, 내용을 채워 보세요.

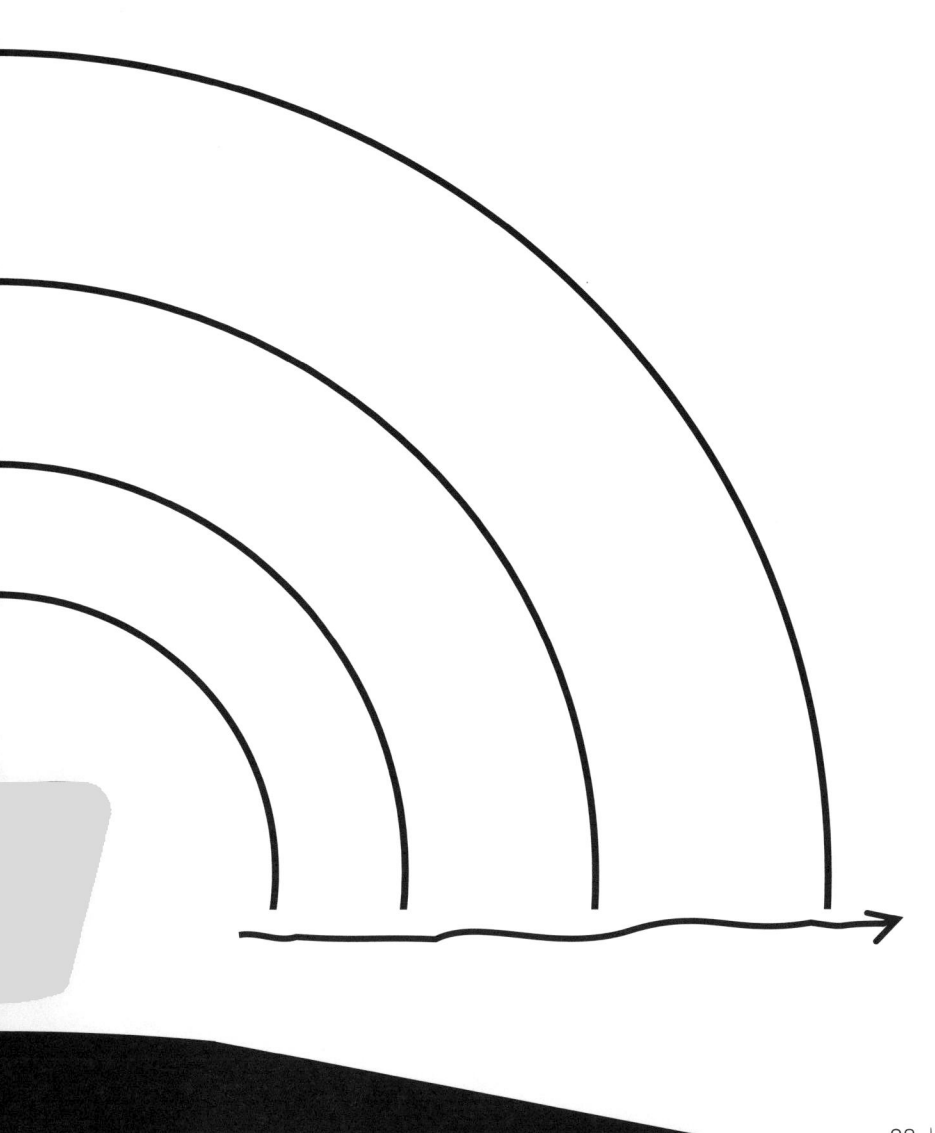

강의장의
에너지 총량은
③ 언제나 같다

에너지 총량은 언제나 100입니다.

강사가 50을 쓰면 교육생도 50을 써야 하고,
강사가 80을 쓰면 교육생은 20만 쓰면 되죠.

에너지를 많이 써서 교육을 이해하고
받아들이고 행동에 옮기는 것은 너무 힘듭니다.

그래서 교육생이 에너지를 많이 써야 하는
강의장은 특징이 두 개 있는데
교육생들이 스마트폰을 만지작거리거나
자주 잠을 청할 것입니다.

사이다와 고구마

강사가 열심히 준비하고, 열정을 다하면 강의 에너지가 충만하여 교육생은 10~20% 정도의 에너지만 사용해도 됩니다. 그 결과 사이다 같은 강의로 모두가 행복한 시간이 됩니다.

반대로 강사가 에너지를 쓰지 않아서 교육생이 70~80%의 에너지를 써야 하는 교육장의 분위기는 암울합니다. 결국, 고구마 100개 먹은 답답한 시간으로 전락합니다. 8:2 법칙을 기억하세요.

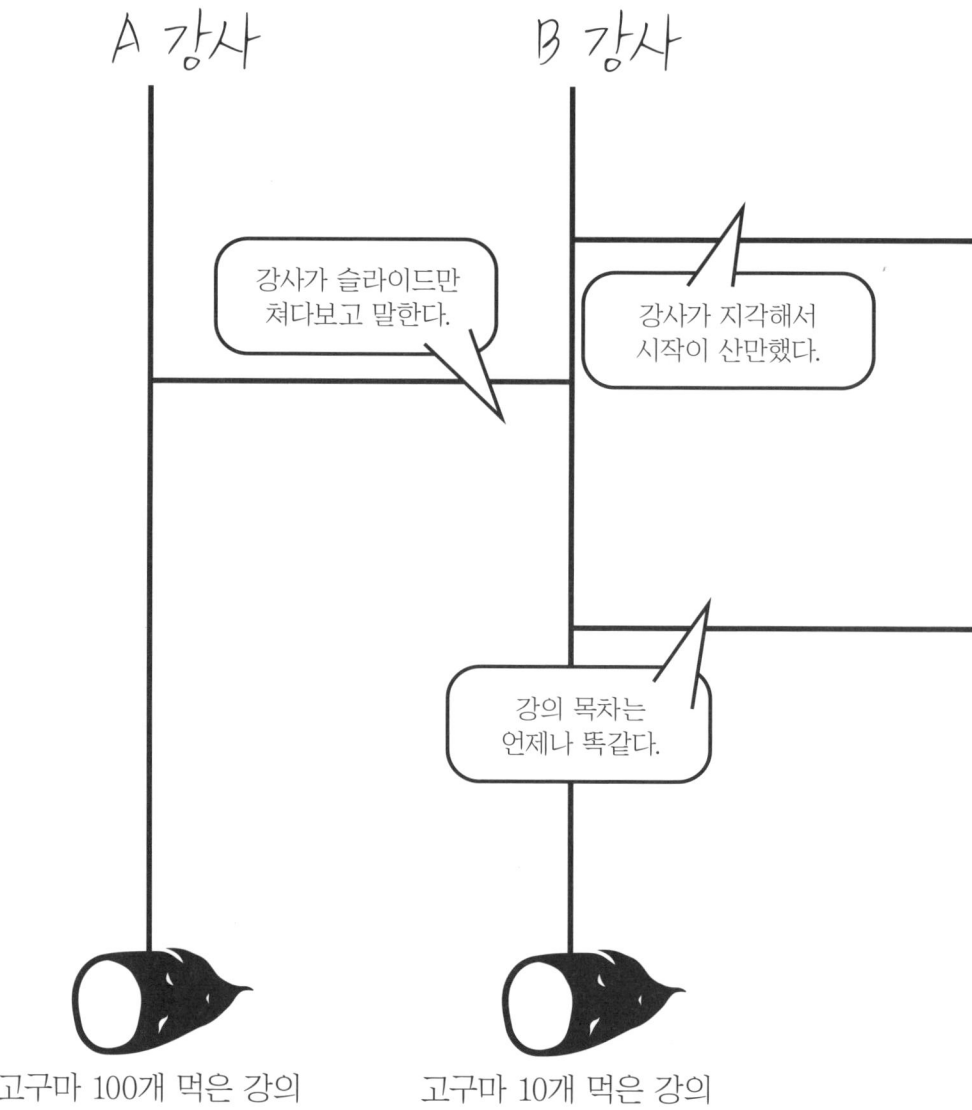

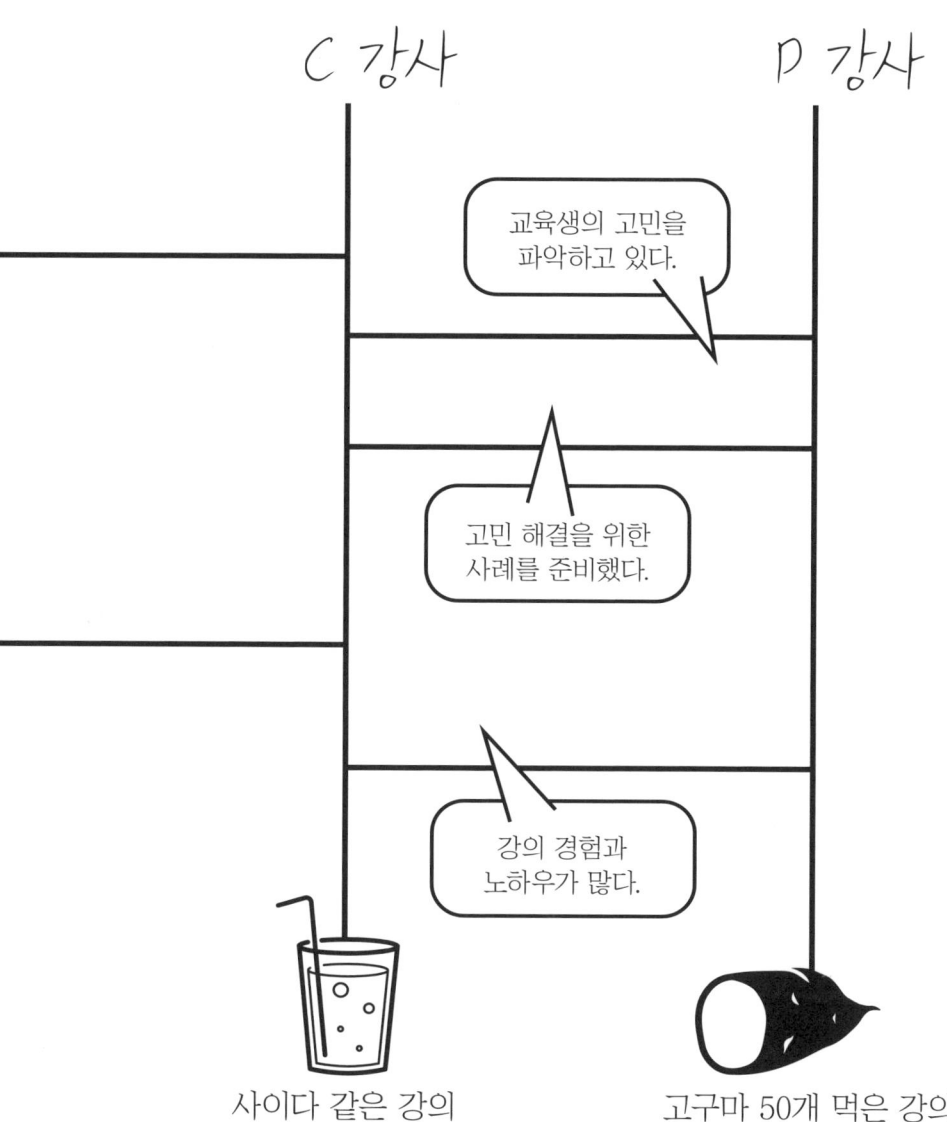

강사와 교육생 모두 에너지가 남아있지 않아 교육이 끝나는 시간만 기다리는 강의장은 겉으로는 평온해 보일지 몰라도 실제는 가장 위험합니다.

설마 그럴 리 있겠냐고 반문하겠지만 실제로 많은 교육장의 에너지가 그러합니다.

의미 있는 강의를 하고 싶은 강사라면 에너지가 바닥인 교육생의 에너지를 어떻게 끌어올릴 것인가를 고민해야 합니다.

결국 좋은 강의는 강사가 자신의 에너지를 나눠줍니다. 그래서 늘 충전기 수혈이 필요합니다.

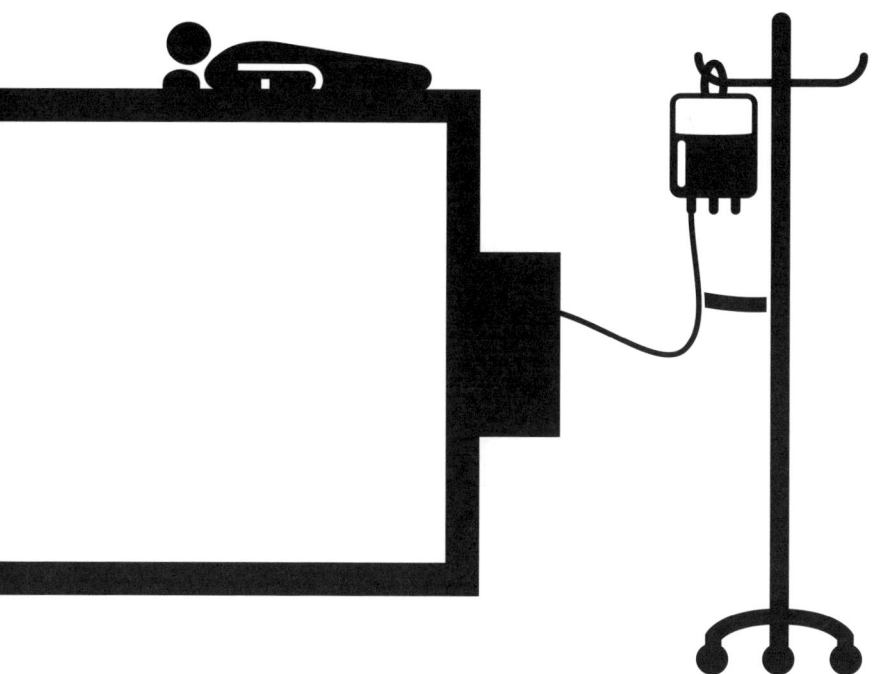

여러분들 것을 먼저 볼까요?

150명 가까이 되는 교육생들은 팔짱을 끼도 들어와서는 특강 진행자의 안내에도 아랑곳하지 않고 강의가 시작도 하기 전에 잠을 청했다.

"오죽했으면 웃길 수 있는 강사님을 섭외했겠어요? 하하"
"앗, 그러면 제가 실력이 아니라 웃겨서…."

그녀의 농담은 표정을 보니 거짓이 아니었다. 내가 실력이 아니라 웃길 수 있는 강사라서 이 자리에 섰다니. 그러나 어찌하겠는가? 이미 강의는 수락했고, 나는 강의장에 도착해서 강의를 준비 중인걸. 사전에 교육생들의 상태와 에너지를 충분히 물어봤고 답변을 들었기 때문에 많은 준비를 해왔지만, 현실은 만만치 않았다. 이런 현상은 공통 교육으로 자율신청이 아닌 강제로 교육을 수강해야 하는 경우 더욱 수위가 높아진다.

Episode 02

"점심 식사 이후라서 졸음이 가장 많이 쏟아지는 시간이네요. 그렇다면 여러분들의 잠을 좀 깨워볼까요?"
"…"
"여러분들 실무 자료를 먼저 보고 시작하겠습니다."

오후 1시 30분에 시작한 프레젠테이션 특강이었고 나는 강의를 시작하자마자 오프닝으로 그들이 실무 현장에서 작성하고 발표하는 PT를 화면에 띄웠다. 그리고 아주 자세히 오류를 짚어 나가면서 어떻게 고민을 해결해야 하는지 전 – 후 비교를 통해 적나라하게 보여주었다. 사전에 보안각서를 쓰고 받은 실무 자료를 리뷰해서 개선 방법을 준비했기 때문에 가능했다.

10여 분이 지나고 대강당 객석에는 팔짱을 끼고 졸고 있는 청중 대신 새로운 PT에 갈증이 난 열정 넘치는 교육생들이 나를 응시하고 있었다. 자료 준비 때문에 밤을 지새운 보람이 느끼면서도 청중이 졸고 있을 때 그 원인의 50%는 강사의 몫이라는 것도 새삼 느끼는 순간이었다.

강의는
자신이 말하는 대로⁴
이루어진다

*피그말리온 효과(Pygmalion effect)
교육심리학의 심리적 행동. 교사의 기대에 따라
학습자의 성적이 향상되는 것

"좋아하는 게 뭐예요?"
"남보다 잘하는 게 뭐예요?"
"인생에서 추구하는 게 뭐예요?"

강의는 반드시 내가 좋아하고, 내가 잘하고,
내가 추구하려는 방향으로 조금씩 이동합니다.
*피그말리온 효과처럼….

지식을 탐하는 대학생에게 물어도 새롭게 출발하는 신입사원에게 물어도 20년 차 부장님에게 물어도 어색한 표정과 두루뭉술 대답은 비슷합니다.

"뭐 좋아하세요?"
"잘하는 게 뭐예요? 남과 비교하면요?"
"추구하는 것은요? 목표 같은 거…"

정신없이 일하기도 하루하루 살아가기도 힘든 세상에서 좋아하고 잘하는 거라니…

"뭐 그냥 주어진 것을 열심히 하는 거죠?"
"글쎄요. 제가 뭘 좋아할까요? 하하."
"이 나이에 목표가 있을까? 버티는 거지."

이런 반응은 당연할 수도 있지만, 강사 입장이라면 위기 탈출 넘버원 상황입니다.

우리는 내가 좋아하고, 잘하고, 추구하는 것을 잘 알고 있어야 합니다. 그 믿음으로
모든 일과 사람을 대할 때 의미
있는 결과가 만들어지기
때문입니다.

강의에서 사례와 비유를 들 때 강사가 좋아하는 것을 사용해야 수강생들은 더 쉽게 이해하고 강사는 더 신나게 말할 수 있습니다.

문제를 풀어나가는 과정도 강사 자신이 잘하는 방향, 남보다 잘하는 쪽으로 향하면 손쉽게 차별된 방법을 제시할 수 있죠.

평상시 모토, 신조, 신념, 좌우명 같은 삶에서 지키는 원칙이나 추구하는 목표들도 강의에 큰 도움이 줍니다. 우리는 알게 모르게 그것을 지키고 이루려고 애쓰기 때문이죠.

그러니 평소에 내가 좋아하고, 잘하고, 추구하는 것이 무엇인지 단단하게 정의해 두세요. 자세히 그림을 그릴수록 강의도 그 그림의 퍼즐을 맞추게 될 테니까요.

추구하는

남보다 잘하는

말과 행동은
❺ 언제나 하나다

누군가를 가르치는 사람은
가장 위험한 직업을 가진 사람입니다.

자신의 말과 행동이 상대에게
좋은, 혹은 나쁜 영향을 미치기 때문이며,
언행일치(言行一致)가 어렵지만
지켜야 하는 이유이기도 합니다.

어쩌면 강사에게 필요한 것은
교육생에게 모범이 되기 위해
언행일치를 지키려고 늘 애쓰는 것을
잊지 않는 것입니다.

"굿 애프터눈, 굿 이브닝, 굿 나이트."

나의 생활이 영화 〈트루먼 쇼〉처럼 24시간 녹화되고 다시 TV와 유튜브에서 전 세계에 생중계되고 있다고 가정해보세요.

나의 말과 다른 행동들은 곧바로 시청자의 눈에 띄게 되고 결국 언행일치의 잣대에 의해 사랑을 받거나 미움을 받게 될 것입니다.

우리 인생이 〈트루먼 쇼〉가 될 확률은 비행기 추락사고 보다 낮다는 것은 참 다행스럽습니다.

리더십을 가르치는 강사는 교육생들
모두가 따르고 싶은 향기를 지녀야 합니다.

"아, 저렇게 리더십을 발휘하는 거구나."

발표와 보고서 작성법을 알려주는 강사는
적어도 경쟁 발표와 보고서 작성을
수십 번 해보았거나 제안과 보고를 받는 입장에
서서 큰 그림을 그려 본 사람이어야 합니다.

"그래서 내 발표와 보고가 욕을 먹은 거군."

결국 강사가 입으로 말하는 수많은 정보는
그 강사의 행동과 모습에서 완성됩니다.

무엇을 시작하는 이들에게 필요한 강의란?

"대규모 강의는 처음인데 어쩌죠?"

귀촌 1위 카페 운영자가 강사를 위한 공개 교육을 찾아왔다. 500명이 넘는 사람들 앞에서 귀농, 귀촌 관련 강의를 해야 하는데 어찌할 바를 모르겠다고 미간을 찌푸리며 떨리는 목소리로 말했다. 강의 선수들도 갑자기 낯선 강의를 맞닥뜨리게 되면 흔히 말하는 '멘붕'을 경험하게 된다.

"그들에게 어떤 마음을 전하고 싶은 건가요?"
"…"

이게 가장 중요하다. 멋지고 화려한 것보다 진짜 할 말이 무엇인지, 어떤 의미를 전하고 싶은지를 결정하는 것이 핵심이다.

Episode 03

일주일 후 카페 주인장은 자신이 기르는 대견이의 마음 아픈 이야기로 강의를 시작했다.

"저희 집 대견이는 밥을 스스로 먹지 못합니다. 오늘 아침 강의하러 오기 전에도 밥을 떠먹여 주고 왔습니다. 3개월 전 전원주택 마당에 들어온 뱀과 싸우다가 녀석의 혀가 독에 녹아내렸기 때문입니다. 집 주변에 제초제와 살충제를 전혀 뿌리지 않아서 발생한 사건이라서 대견이에게 너무 미안한 마음입니다."

귀촌, 귀농은 나 혼자만 성공하기 위한 삶은 아니라는 것, 쉽고 편하게 무조건 제초제를 뿌리고 살충제를 뿌리기보다는 함께하는 삶을 위해 무엇을 지켜야 할지 생각하자는 것이 강의의 핵심이었다. 아주 사소하지만 스스로 실천하고 있는 그 한순간의 모습이 귀촌에 대해 멋진 꿈과 환상만을 가지고 있던 청중에게는 깊은 울림으로 퍼져나갔다.

PART 02

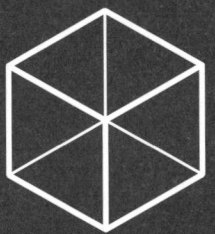

정보
디자인

정보

관찰이나 측정을 통하여 수집한 자료를
실제 문제에 도움이 될 수 있도록 정리한 지식.
또는 그 자료

강사가 말하는 정보는
반드시 도움이 되어야 한다

01 그러니까 나로 말할 것 같으면

강사 이전에 내 안의 또 다른 '나' 찾기

나는 어떤 사람일까요?

나는 나를 잘 알고 있을까요?

내 속엔 또 다른 내가 있을까요?

주변 사람들은 나를 어떤 유형으로 규정할까요?

작은 힌트라도 찾아보세요. 강의에 필요하니까요.

중국 전국시대 병법서 〈손자〉에 나온 부지피부지기, 매전필태(不知彼不知己, 每戰必殆)는 강사의 강의 전략에도 필히 참고할 만한 이야기입니다.

꼭 싸움뿐만이 아니죠. 원하는 결과를 달성하려 할 때도 그렇습니다. 가령 높은 산의 목적지에 빠르고 정확하게 이동해야 한다면 먼저 산의 지형을 잘 파악하고 있어야 하며, 계절과 절기, 시간에 따른 탐방로를 충분히 익혀 두어야 합니다.

*不知彼不知己, 每戰必殆
  적을 모르고 나를 모르면 싸움마다 반드시 위태롭다.

한 가지 더 중요한 것은 산행하는 자신에 대해서도 충분히 파악하고 있어야 합니다. 자기 능력을 너무 과대평가하거나 약점을 무시해서는 안 될 것이고, 남과 다른 기질을 살려 강점을 높이는 것도 좋은 전략이 될 겁니다.

교육생을 모르고 강사 자신을 알 수 없다면 강의하는 매 순간이 위태로운 상황으로 만들어질 것은 당연한 사실이지만 현실에서는 참 지켜지지 않는 원칙입니다.

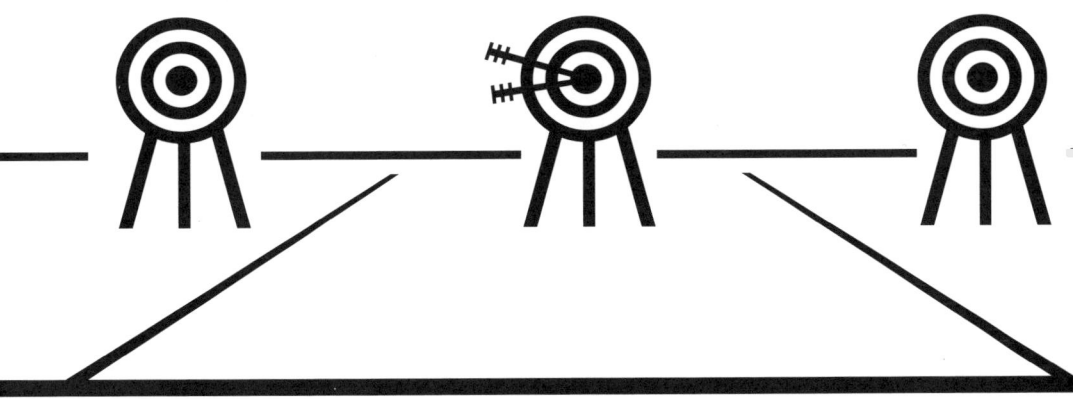

My Shape

Male

AGE 10 20 30 40 50 60 70 80 90 100

Extrovert

Introvert

Mix

Classic

POP

K-POP

나를 체크하세요

*작은 특징이 나를 표현할 수 있을지도….

My Shape

 계절

 숫자

 운동

 음료

내가 애용하는 것
*사랑하는 것에는 다 이유가 있는 법!

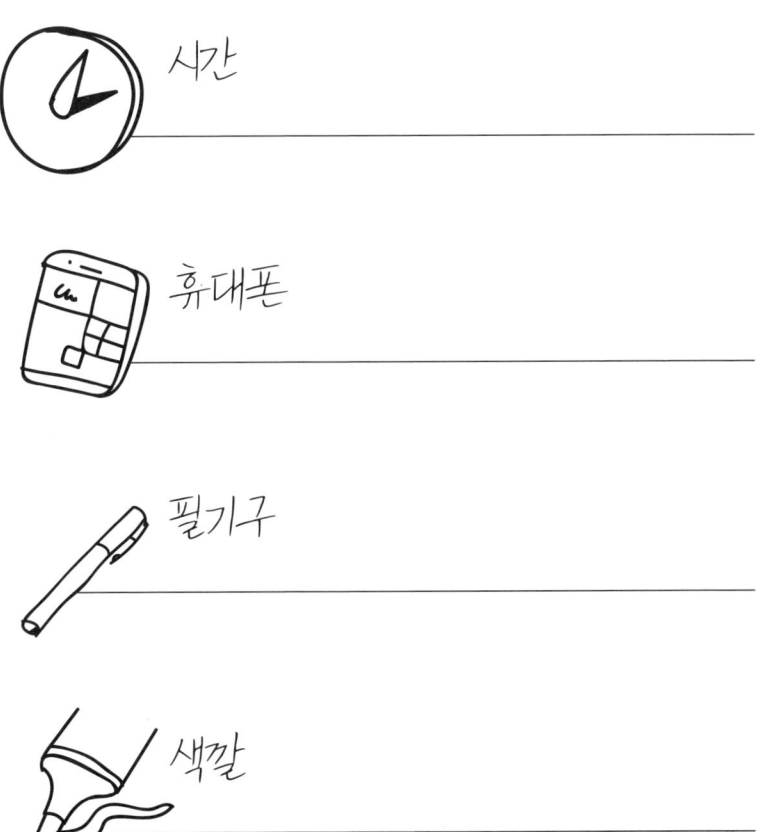

시간

휴대폰

필기구

색깔

My Face

자신의 눈, 코, 잎을 그리세요

*난 지금 어떤 표정, 어떤 느낌을 가지고 있을까?

My Face

자주 하는 표정이 있다면

*스스로 느끼거나 지인이 말하는 표정은?

My Face

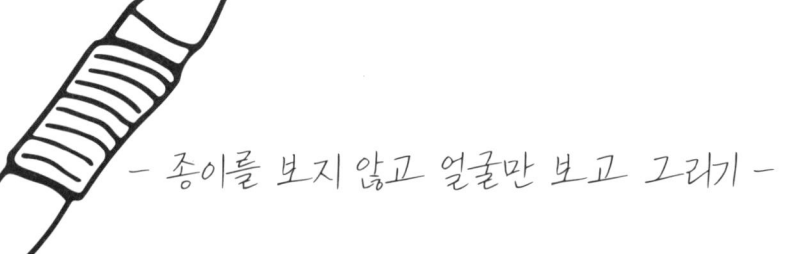

- 종이를 보지 않고 얼굴만 보고 그리기 -

내 얼굴을 친구에게 맡기세요
*나의 특징을 빠르게 그려달라고 하세요.

- 종이와 얼굴을 보면서 그리기 -

강의를 잘하고 싶은데 맨날 제자리걸음

"진짜 잘하고 싶거든요. 열심히 해도 실력이 늘지 않아요."

K 회사 이 대리는 입버릇처럼 '잘하고 싶다'를 말하고 다녔다. 그런데 내가 봐도 실력이 계속 제자리걸음으로 보였다.

모두 발표나 강의를 잘하고 싶다 말하지만 실제로는 뭘 잘하고 싶은지 모를 때가 많다. 즉 구체적인 목표를 설정하지 않으면 잘하는 강의의 기준이 없으므로 막연해진다. 그러니 훌륭한 강의란 그 '잘'을 잘 알고 있을 때 탄생한다.

멋져 보이고 싶은 건지, 웃기고 싶은지, 눈물 흘리게 하고 싶은지, 놀라게 할 건지, 준비한 내용만 잘 전달하면 되는 건지, 아니면 강의를 마친 후 '골칫거리 해결에 도움이 많이 되었어요!'라는 말을 듣고 싶은지 하나만 정하고 나머지는 버려야 한다.

Episode 04

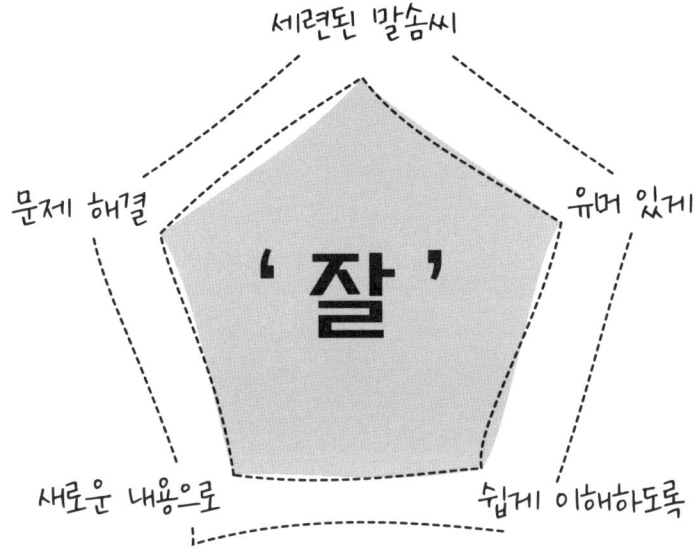

예를 들어 새로운 기술 내용을 쉽게 이해시키겠다고 결정했다면 그것이 강의 목표가 되고 이곳에 모든 에너지를 쏟으면 된다.

발표와 보고서 작성도 그리 다르지 않다. 만약 팀장님이 보고서를 잘 써오라고 하면 즉시 물어봐야 한다.

"팀장님이 생각하시는 '잘' 쓴 보고서는 뭔가요?
'잘' 중에서 하나만 선택해 주세요. 그것에 집중하겠습니다."

My Talk

 좋아하는, 또는 끔찍한

_____

 요즘 자꾸 신경 쓰이는

_____

 잘하는 것, 속도 내는

_____

요즘, 어때요. 살짝 말해봐요

*너무 생각하지 말고, 툭 생각나는 대로 써야 해요.

 작지만 새롭게 발견한

_____

 내가 봐도 너무 괜찮은

_____

 이루고 싶은, 꿈꾸는

_____

My Image

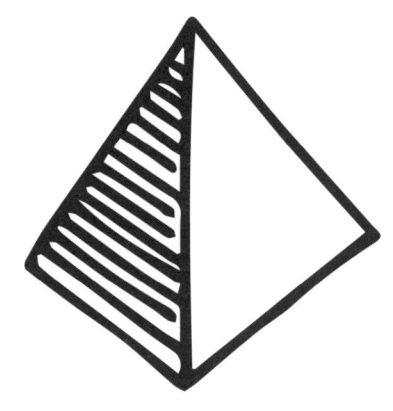

도형으로
나를 소개할께요.

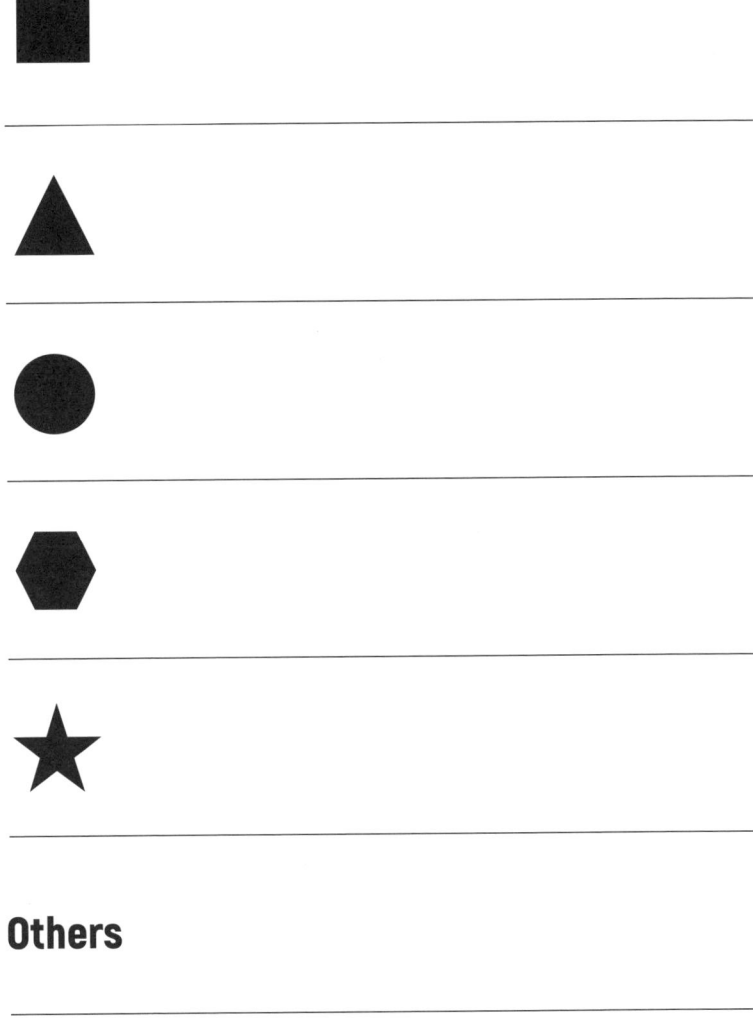

Others

*어떤 도형, 어떤 속성과 가장 가깝나요?

My Image

스마트폰으로
나를 소개할게요.

1. 외형으로
___

2. 기능으로
___

3. 앱으로
___

4. 사진으로
___

5. 파일로
___

*자주 사용하는 패턴은 무엇인가요?

02 지금부터 캐릭터의 실전 전투력을 측정합니다

나와 어울리는 강사 유형 찾기

나는 강사의 자격을 지니고 있을까요?

나는 남에게 어떻게 보일까요?

나는 교육생의 눈에 어떤 강사로 보일까요?

나의 강의는 어떤 특징을 가지고 있을까요?

주변 사람들은 나를 어떤 유형으로 규정할까요?

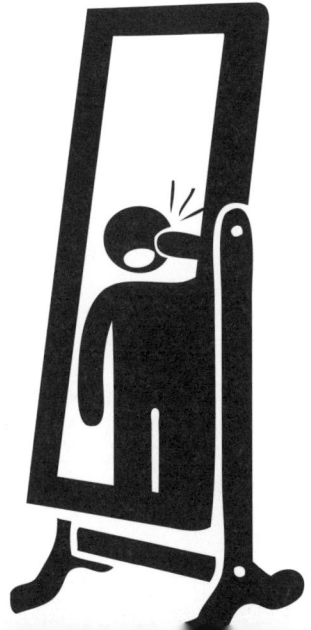

My Gage

특별함　☐☐☐☐☐☐☐☐☐☐
※ 직무에 대한 전문성을 가지고 있다. 이유는?

경험　☐☐☐☐☐☐☐☐☐☐
※ 지금까지 직무와 관련된 경험이 많다.

문제 해결　☐☐☐☐☐☐☐☐☐☐
※ 컨설턴트 수준의 해결책을 지니고 있다.

증빙　☐☐☐☐☐☐☐☐☐☐
※ 전문성에 도움 되는 관련 자격증과 학위가 있다.

논리　☐☐☐☐☐☐☐☐☐☐
※ 상대를 쉽고 정확하게 이해시킬 수 있다.

나의 능력치를 체크하세요

*주변에서 들었거나 나 스스로 느끼는 능력치는?

기획 ☐☐☐☐☐☐☐☐☐☐
※ 문제 해결을 위해 새롭게 접근하고 설계한다.

어휘 ☐☐☐☐☐☐☐☐☐☐
※ 같은 뜻의 단어를 많이 알고 있다. (유의어, 반의어)

발표 ☐☐☐☐☐☐☐☐☐☐
※ 생각을 정의, 전달하여 공감을 얻을 수 있다.

큰 그림 ☐☐☐☐☐☐☐☐☐☐
※ 복잡한 기술이나 문제 해결 과정을 그려낼 수 있다.

유머 ☐☐☐☐☐☐☐☐☐☐
※ 분위기를 유쾌하게 만들 수 있다.

My Gage

공격 게이지 ☐☐☐☐☐☐
*현재 공격 게이지를 표시하세요.

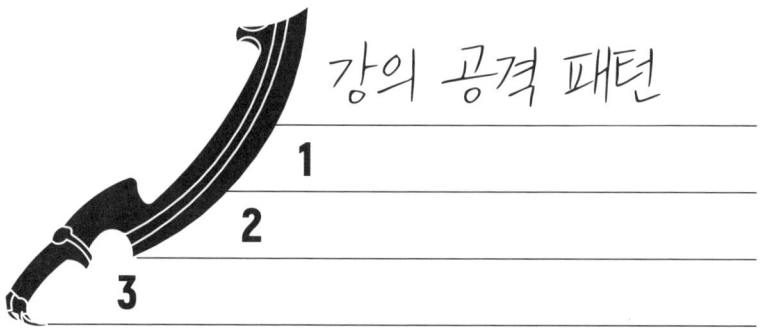

강의 공격 패턴
1.
2.
3.

*강의에서 교육생들을 효과적으로 공격하는 패턴 3개를 쓰세요.

*당신에게 강력한 한 방이 있다던데
 과연 무엇인가요?

강의 전투력을 측정해 보세요

*주변에서 들었거나 스스로 느끼는 전투력은?

방어 게이지 ☐☐☐☐☐☐

*현재 방어 게이지를 표시하세요.

강의 방어 패턴

1 _____
2 _____
3 _____

*까다로운 교육생에 대한 방어 패턴 3개를 쓰세요.

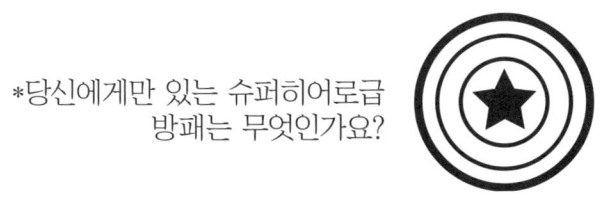

*당신에게만 있는 슈퍼히어로급 방패는 무엇인가요?

My Type

나의 화살은
피할 수 없을걸.
Artemis

*8개 타입 중에서 자신과
비슷한 전사를 고르세요.

난 어떤 전쟁이든
지혜가 뛰어나지.
Athena

아름다움으로
칼날을 세웠죠.
Freya

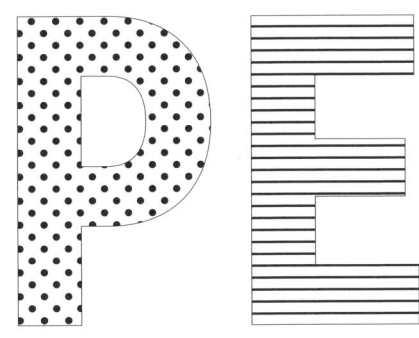

난 반드시
복수한다. 알지?
Hera

My Type

돌파형
목표를 향한 방법론과 실무가 뛰어남
실행과 솔선수범 때문에 매우 지친 상태

___

전술형
새로운 전략과 전술, 프레임워크가 좋음
강사로서 정의감, 영웅 의식이 높음

___

호감형

외모, 목소리, 태도가 고급스러움
새로운 강의 전략과 변화가 필요함

_____
_____
_____
_____

피드백형

강의에 대한 리뷰와 적용이 빠른 편
일도 강의도 경쟁의식이 강함

_____
_____
_____
_____

My Type

난 함께 천하를
얻는 법을 알지.
Dionysus

*8개 타입 중에서 자신과
비슷한 전사를 고르세요.

너희는 싸우고,
난 무기를 만들지.
Hephaestus

언제나 팔방미인
다 덤벼봐.
Zeus

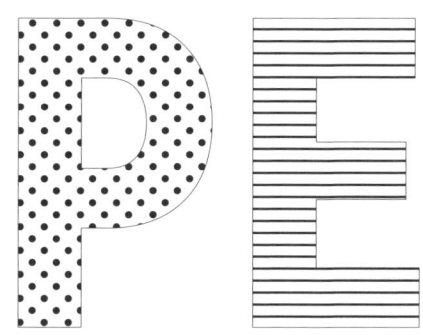

너희 미래를
알고 싶지 않아?
Apollo

My Type

친화형
수강생과의 호흡이 뛰어난 호감형
내용의 수준과 전략, 작성은 아쉬움

_____

_____

_____

_____

아트형
무엇이든 강의로 쉽게 만들어 냄
남 앞에 서는 것을 부담스러워함

_____

_____

_____

_____

최적형

강의에 필요한 모든 것을 두루 갖춤
팔방미인. 한 곳에 집중을 못함

_____

_____

_____

_____

_____

통찰형

전문 분야에 해박하여 인사이트가 많음
순발력은 좋으나 끈기가 부족함

_____

_____

_____

_____

나의 강의 캐릭터는요~

남과 다른 강의를 완성하기 위해서는 가장 먼저 내가 어떤 타입의 강사인지 빠르게 파악합니다. 그런 다음 내 강의 타입의 장단점을 파악하여 단점을 보완해주거나 더 강하게 만들어줄 타입의 속성을 적용해야 합니다.

*8개 타입 중에서 자신을 보완해줄 타입을 골라 캐릭터를 완성하세요.

돌파형 + 통찰형

무조건 강하거나 방어만 하는 타입이 좋다고 말할 수 없어요. 가장 좋은 것은 자신의 성향에 맞으면서도 강사의 능력을 높일 수 있는 타입으로 캐릭터를 설정해야 강의라는 전투에서 승리합니다.

*자신을 새로운 타입으로 정의해 보세요.

최적형

전술형

교육생들이 70대 이상 교장 선생님 출신요?

"네. 50명 모두 70대 교장 선생님 출신입니다."

이미 강의를 수락한 공공기관의 교육 담당자에게 5시간 강사 양성 과정의 교육생들에 대한 평균 연령과 특징을 듣고 나는 적잖게 당황했다.

많은 나이, 높은 지식, 우주보다 넓은 교육 경험….
무엇 하나 젊은 강사 시절의 나와 맞는 구석이 없었다. 불안해하는 것은 당연한 도리였다.

경험 많은 강사도 특수한 환경, 예상치 못한 교육 대상을 맞이할 때면 곤혹스럽다. 이때 어떻게든 살아남을 틈을 찾으려면 직구로 승부하는 것이 좋다. 즉 강의의 기본, 본질을 잊지 않고 적용할 필요가 있다.

Episode 05

"제 아버님과 연세가 비슷하셔서서 마음이 편합니다."
"막내에게 이야기를 듣는다 생각해 주세요."

무엇을 어떻게 말해도 젊은 사람이 잘난 척하고 있다는 비난을 면치 못할 거라는 것을 알고 있었다. 그래서 본능적으로 나온 오프닝은 아버님에 대한 추억이었다. 일찍 돌아가신 아버님에 대한 추억과 함께 강의를 시작했고, 다행히도 모든 분이 진심을 봐주셔서 의미 있고 즐거운 시간을 만들 수 있었다.

"다른 강사님들은 너무 힘들어하세요. 오늘은 너무 편하게 하셔서 놀랐습니다. 다음에 또 출강해 주세요."

"아…. 다음에는 더 멋진 강사님을 초대하셔야죠."

나는 꽁지 빠지게 강의장을 나와 뒤돌아보지 않았다.
하늘에 계신 아버님께 감사의 기도를 드리면서….

03 너들이 우리 교육생들의 맘을 알아?

양파 같은 교육생의 속마음 파악하기

"청중은 OOO 한다니까~"
"교육생은 OOOO 해줘야 좋아해!"

강의를 많이 할수록 자신있다 말하지만
어제 강의와 오늘 강의가 같아야 할까요?
저번 교육생과 이번 교육생이 정말 같을까요?
신입사원과 임원 교육 내용이 같아도 될까요?

교육생의 속마음은 끝이 없습니다. 그래서 강사가 기억할 것은 양파 같은 교육생 마음은 수시로 확인하지 않으면 알 수 없다는 것입니다.

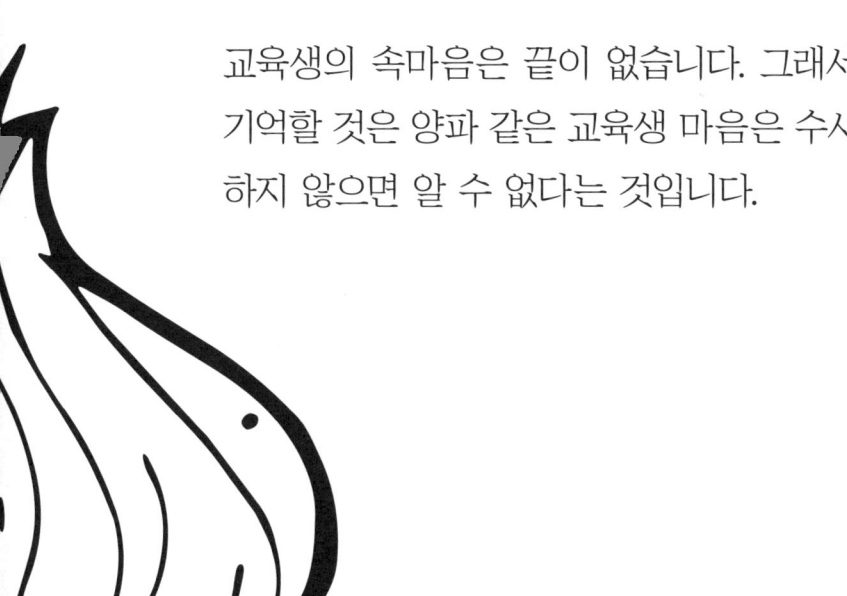

Your Signal

Your Signal

불만 섞인 교육생 표정은 어떤 의미일까?

*짐작가는 이유를 쓰세요.

무표정한 교육생은
어떤 생각을 하고 있을까?

Your Signal

교육생이 기분 좋은 미소를 보내는 이유는?

*짐작가는 이유를 쓰세요.

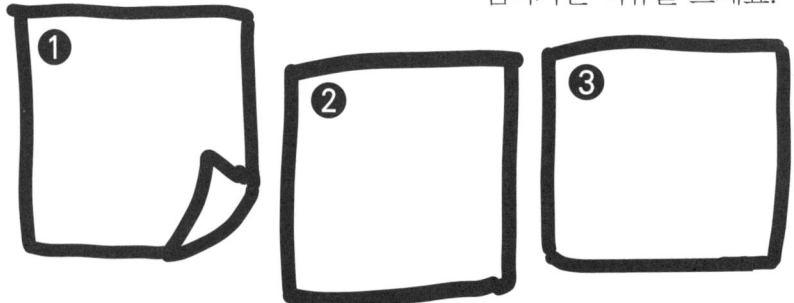

하하 호호 웃음 넘치는
교육생의 반응은?

Your Signal

상대가 보내는 신호를 제대로 파악하는 것은 강의를 떠나 매우 어려운 일입니다. 그래서 비즈니스에서는 다양한 각도로 니즈를 분석해서, 대상이 원하는 것을 찾아 그 답을 제시하려고 노력합니다. 하지만 강의에서 조심할 것은 바라고 원하는 것이 존재하려면 반드시 교육생의 상태가 매우 좋아야 한다는 사실입니다.

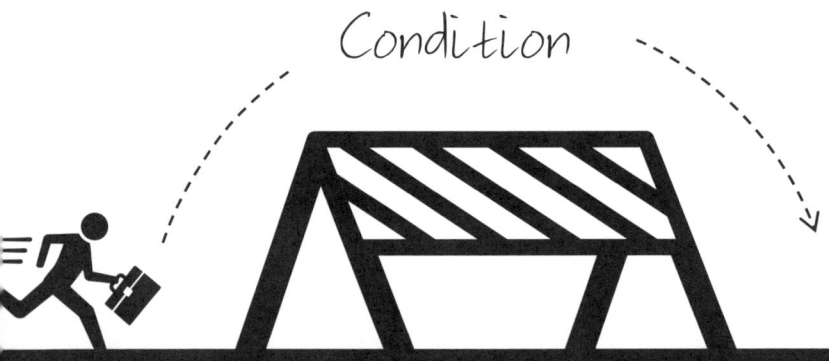

Barricade ❶

외부 통제 상태

상태(Condition)를 건전한 위치로 조정하지 않으면 Needs도 Wants도 존재할 수 없습니다. 즉 억지로 교육에 참여한 김 대리의 상태는 좋을 리 없습니다. 계속 울려 대는 메신저와 밀린 보고서를 생각하면 머리가 지끈거리는데 강사의 이야기가 들릴 리 없죠. 반대로 그가 간절히 원하던 교육이었다면 어떨까요? 아마 일찌감치 바쁜 일을 모두 끝내고 1등으로 와서 앉아 있을 겁니다.

Needs

Wants

Barricade ❷

Barricade ❸

→ 내부 통제 상태 ──→ 내적 동기 상태

Your Signal `Empathy MAP`

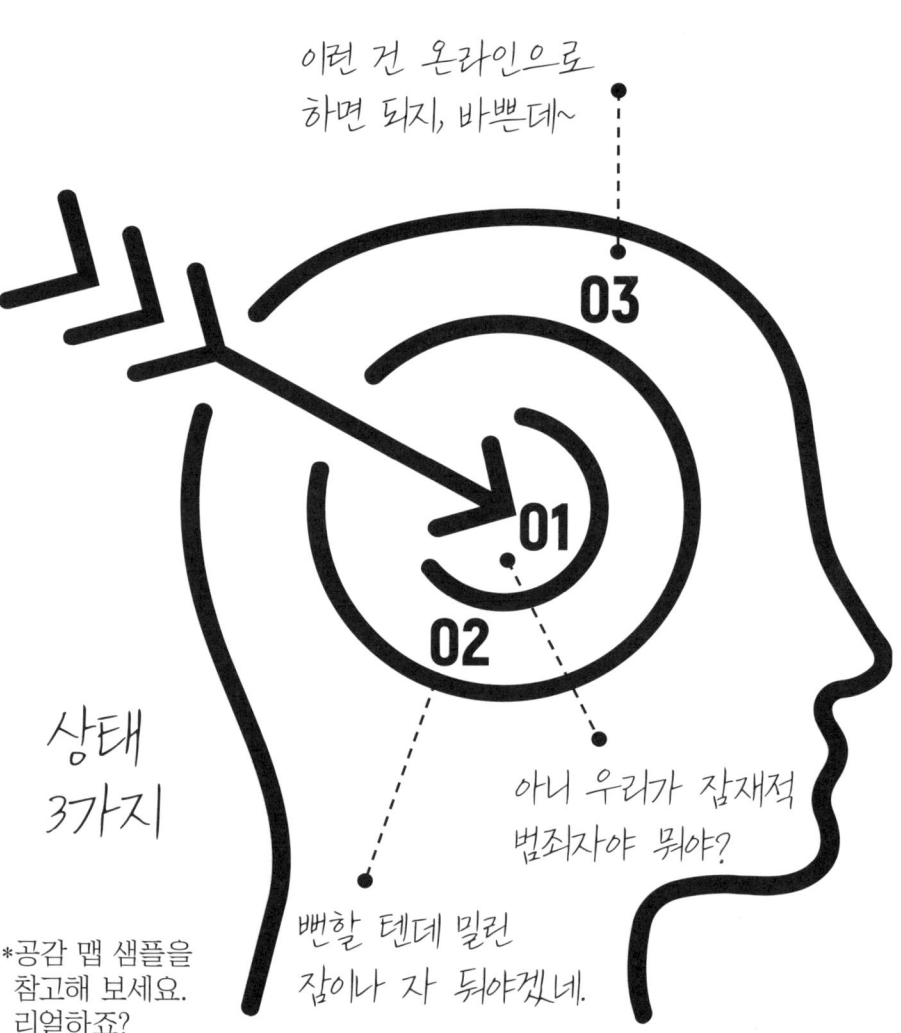

이런 건 온라인으로 하면 되지, 바쁜데~

03

01

02

상태 3가지

아니 우리가 잠재적 범죄자야 뭐야?

뻔할 텐데 밀린 잠이나 자 둬야겠네.

*공감 맵 샘플을 참고해 보세요. 리얼하죠?

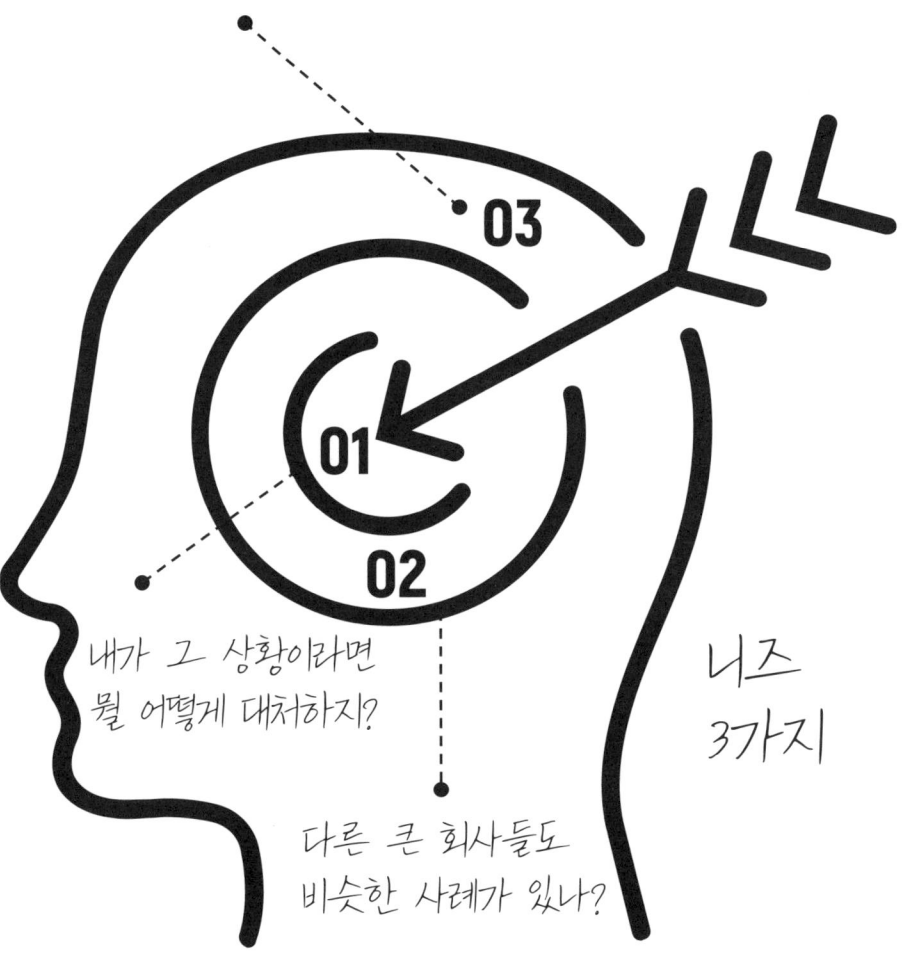

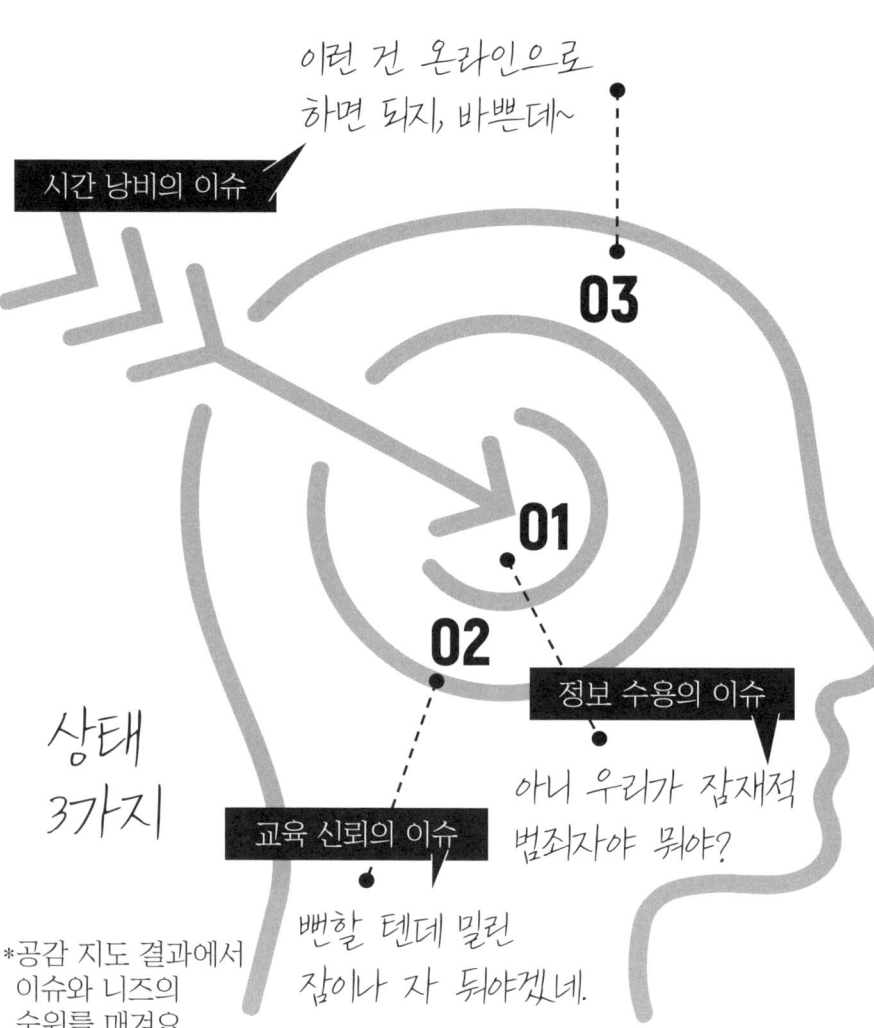

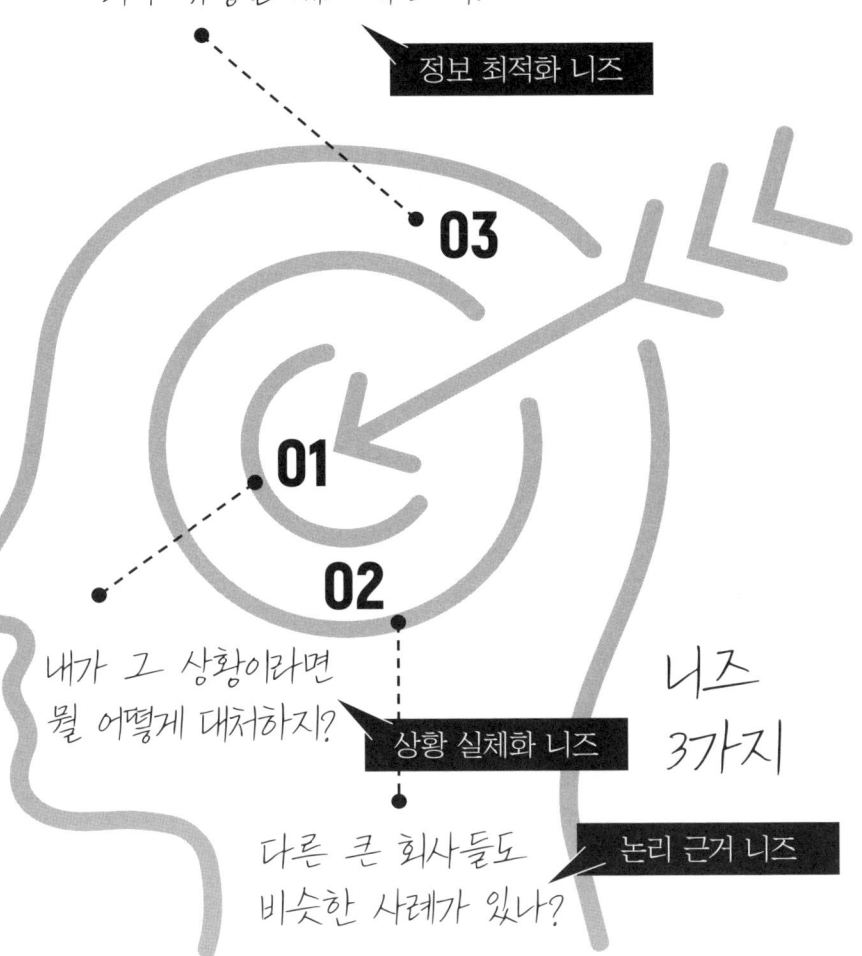

Your Signal `Empathy MAP`

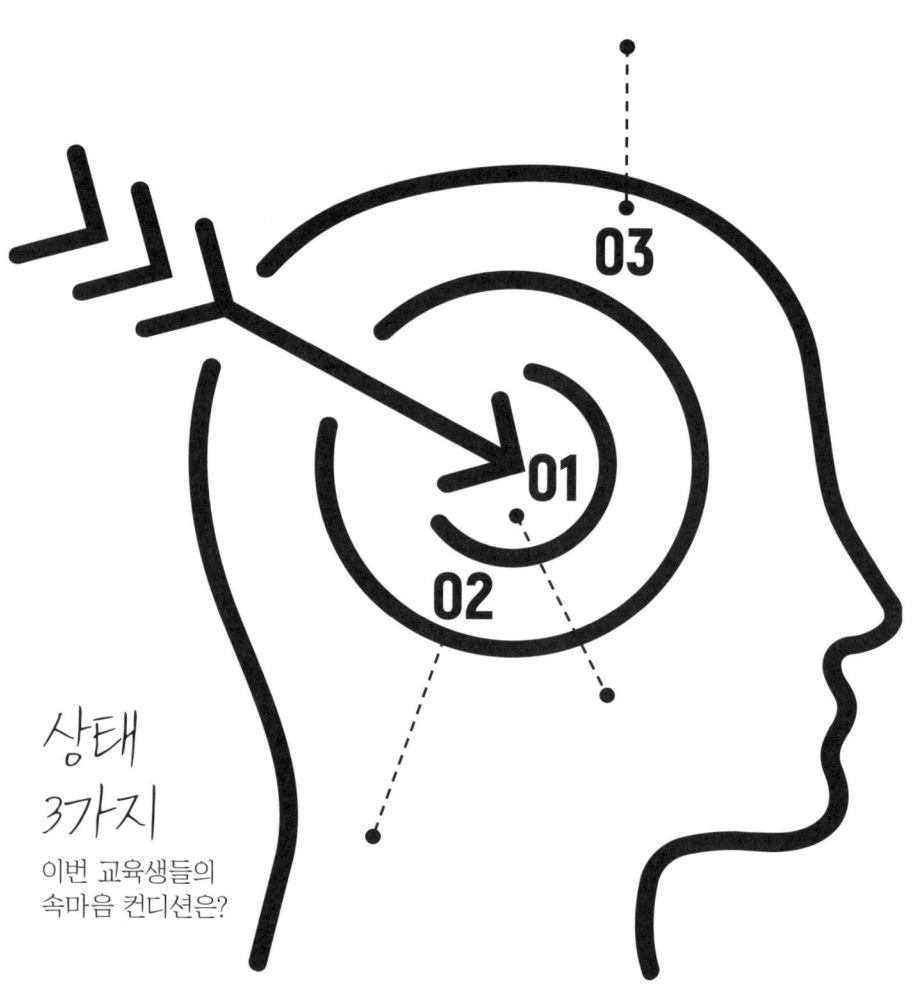

상태 3가지
이번 교육생들의
속마음 컨디션은?

*강의 정보
_____
_____
_____
_____

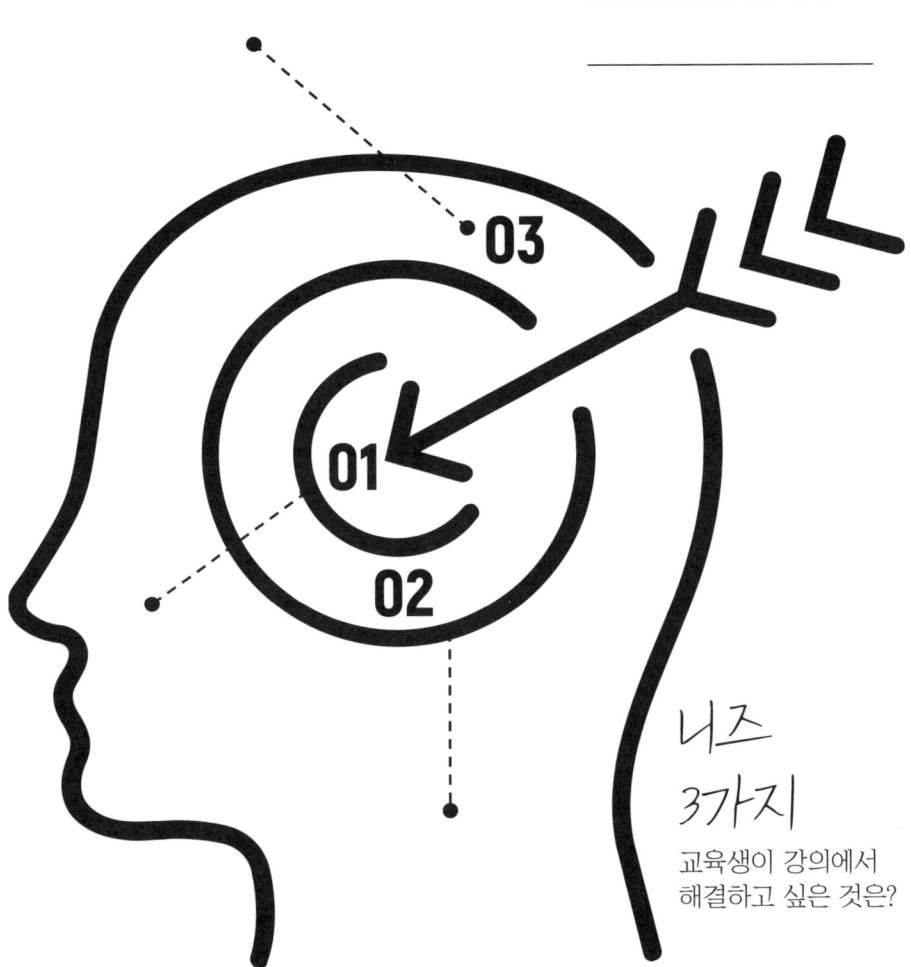

니즈
3가지
교육생이 강의에서
해결하고 싶은 것은?

*공감 맵은 리얼하게 감정표현을 담아 써야 해요.

Your Signal   `Empathy MAP`

03 시간 낭비의 이슈
이런 건 온라인으로 하면 되지, 바쁜데~

01 정보 수용의 이슈
아니 우리가 잠재적 범죄자야 뭐야?

02 교육 신뢰의 이슈
뻔할 텐데 밀린 잠이나 자 둬야겠네

03 정보 최적화 니즈
이번 기회에 지켜야 할 회사 규정을 체크해 보자.

*강의 정보

성희롱 근절 예방 교육

남성, 차/부장급 30명

1시간 집합 교육

→ 당신도 잘못할 수 있으니 교육을
들어야 한다는 뉘앙스를 주지 말자.

→ 기존의 매뉴얼 같은 내용으로는
집중시킬 수 없겠어~

→ 오프라인 교육으로 해야 하는
충분한 이유를 넣어야겠는걸.

→ 성희롱 대처 방법을 좀 더 쉽게
3단계로 정리해서 보여주자.

Your Signal   `Empathy MAP`

`Before`

성희롱이 없는 회사가 좋은 회사입니다.

직장 내 성희롱 근절 예방 교육

`After 01`

나부터 시작하는 빛나는 회사 만들기 프로젝트

서로 지켜줍니다.
함께 믿어줍니다.
항상 실천합니다.

*강의 정보

성희롱 근절 예방 교육

남성, 차/부장급 30명

1시간 집합 교육

After 02

지금도 너무 잘하는 당신, 3가지만 기억해 주세요.

서로 지켜주고
함께 믿어주고
항상 실천하고

직장내 성희롱 근절 함께하기

After 03

*실제 사용한 강의 헤드라인과 슬라이드

순서와 내용이 똑같은 강의를 원하시나요?

눈빛만 봐도 마음까지 읽을 수 있는
10년 가까이 출강하고 있는 회사가 있다.
이런 회사하고도 처음에는 강의 방식에 대한 입장 차가 컸다.

"강사님, 순서와 내용을 같게 해주시면 안 될까요?"
"아…. 그렇게 하기는 어려운데요."
"대부분 강사님은 매번 똑같이 강의해주시는데…."
"목표는 최적화된 강의인데 모든 대상에게 똑같이요?"

여기서 질문 하나. 인원수가 많은 교육생에게 여러 차수로 나눠서 강의할 경우 목차 순서와 내용 흐름이 동일한 것이 더 효과적일까? 아니면 그 반대일까? 답은 어느 쪽에 더 무게를 두느냐에 달렸다.

Episode 06

즉 강사 입장에서의 효율성을 따지면 매번 똑같은 순서와 내용으로 하는 것이 좋다. 일관성도 있고 강의 준비도 한 번 제대로 해 놓으면 무리가 없다. 교육 관리 입장에서도 첫 차수만 잘 마치면 다음부터는 관리에 대한 고민이 줄어든다.

하지만 반대로 교육 효과 측면에서 본다면 이야기는 달라진다. 교육 대상에 최적화된 강의가 목적이라면 핵심과 본질은 그대로 유지한 채 시기, 상황, 대상의 변수에 따라 순서와 내용의 흐름은 반드시 수정되어야 한다.

짧은 시간 준비를 통해 순서와 내용을 다르게 구성하면서도 본질은 벗어나지 않고 핵심을 이야기하고 싶다면 교육생의 상태와 니즈를 작성한 Empathy MAP을 활용한다. 교육생 입장에서 리얼하게 작성한 상태와 니즈를 강의 목차로 구성하고 오프닝을 만들면 그 효과는 배가 된다. 교육생의 마음을 꿰뚫고 있는 강사는 어디서나 승리를 쟁취할 수 있다.

04 결국 지구의 문제를 해결하는 건 슈퍼 히어로!

문제 해결을 위한 강의 속 진짜 이슈 찾기

Present

기업에서 사내 강사를 육성하려는 움직임이 빨라지고 있습니다. 산업이 융합되고 그 수준이 높아지면서 고민은 더 절실해졌죠.

이미 시대는 단순한 지식과 기술 전달이 아닌 이슈라는 수렁에서 구해줄 슈퍼 히어로를 원하고 있습니다. 그렇다면 강사는 카운슬러와 코치의 영역을 넘어 조직이 직면한 문제를 해결하는 컨설턴트의 역할을 해야 합니다.

Issue Ice Burg `Issue MAP`

보이는 문제

실제 문제

문제의 근본

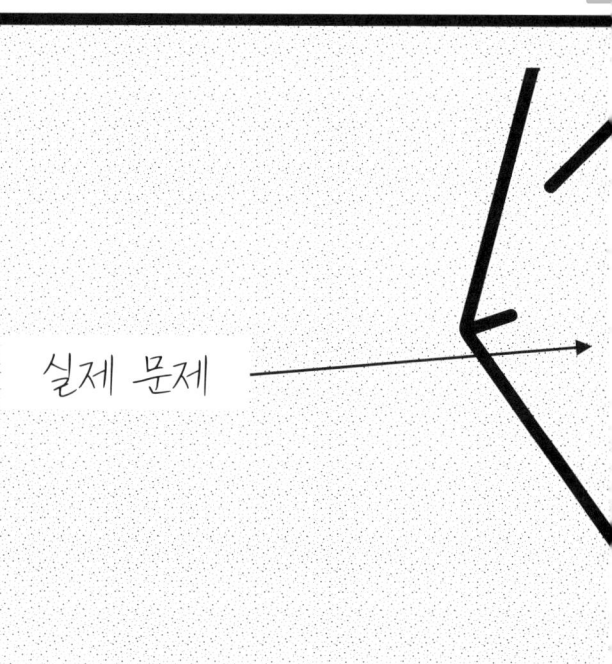

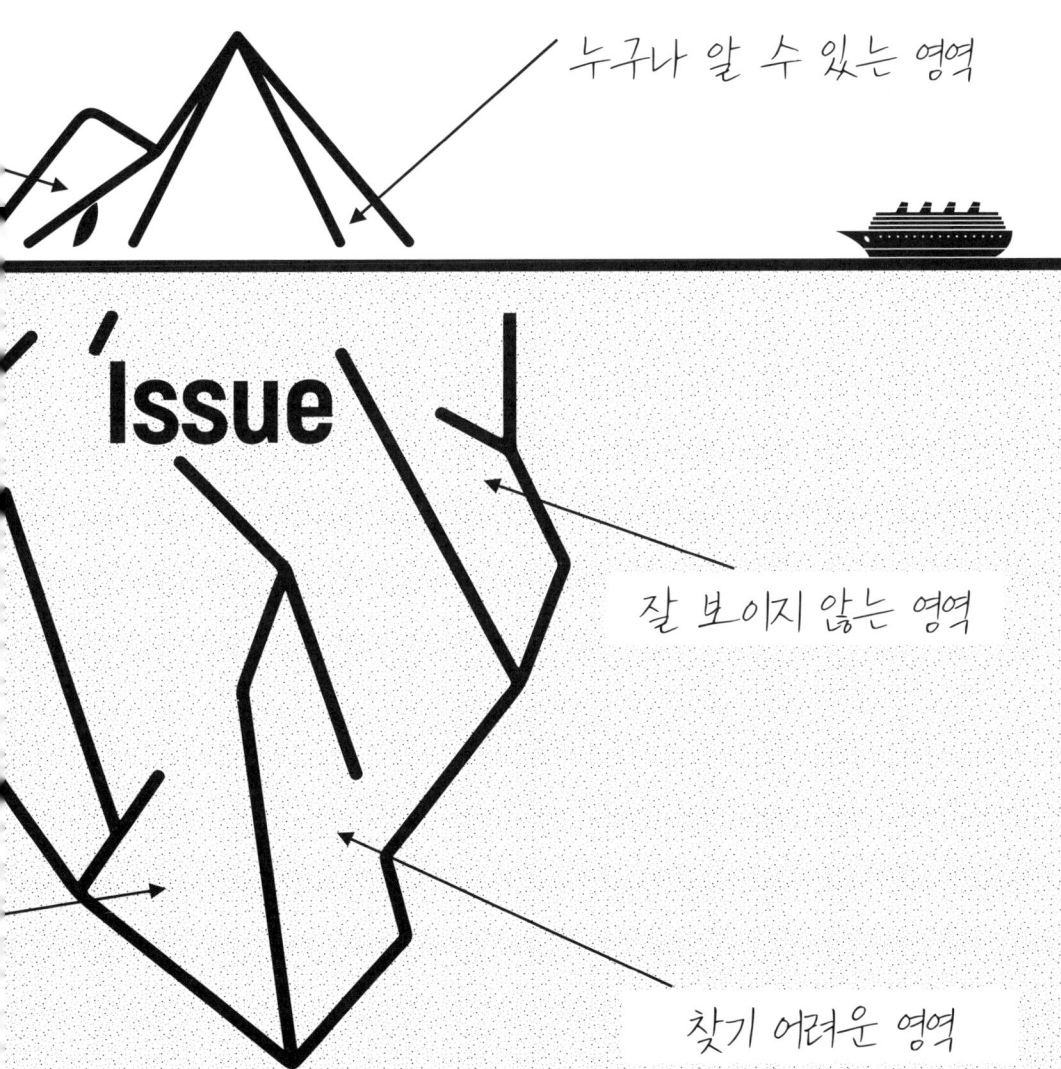

Issue Ice Burg   `Issue MAP`

진짜 목적을 다시 설정한다면?

_____

_____

_____

상황때문에 발생하고 있는 손실은?

_____

_____

_____

여러 번 들었을 이야기는 강의에서 삭제하자!

뒤집어서 생각해봐요!
어디까지 가능한가요?

그들이 가진
문제의 근원은?

_____
_____
_____

문제 해결 코드로
가설을 세운다면?

_____
_____
_____

다 알고 있는 문제를
다시 거론하지 말자!

Issue Ice Burg `Issue MAP`

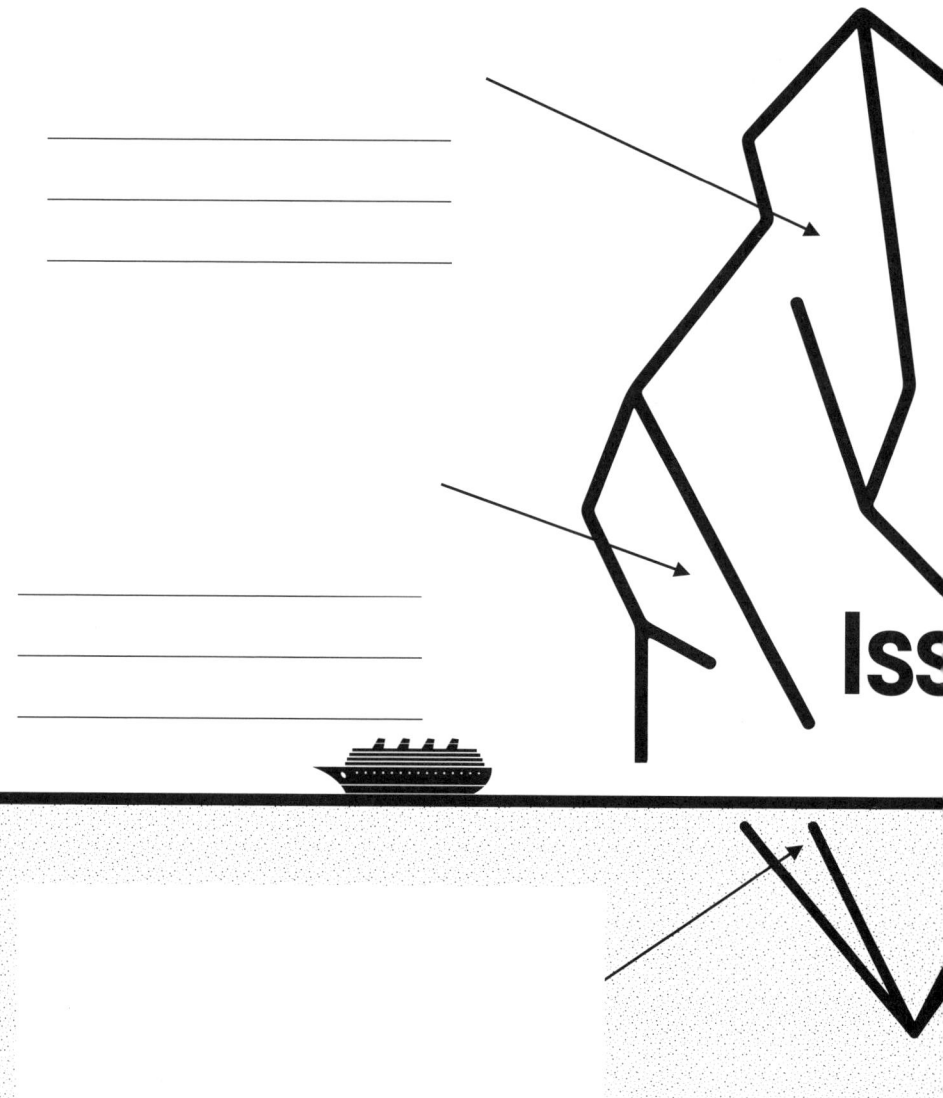

수면 위의 문제는?
나만 볼 수 있는 이슈는?

My Lecture `Graphic Recording A`

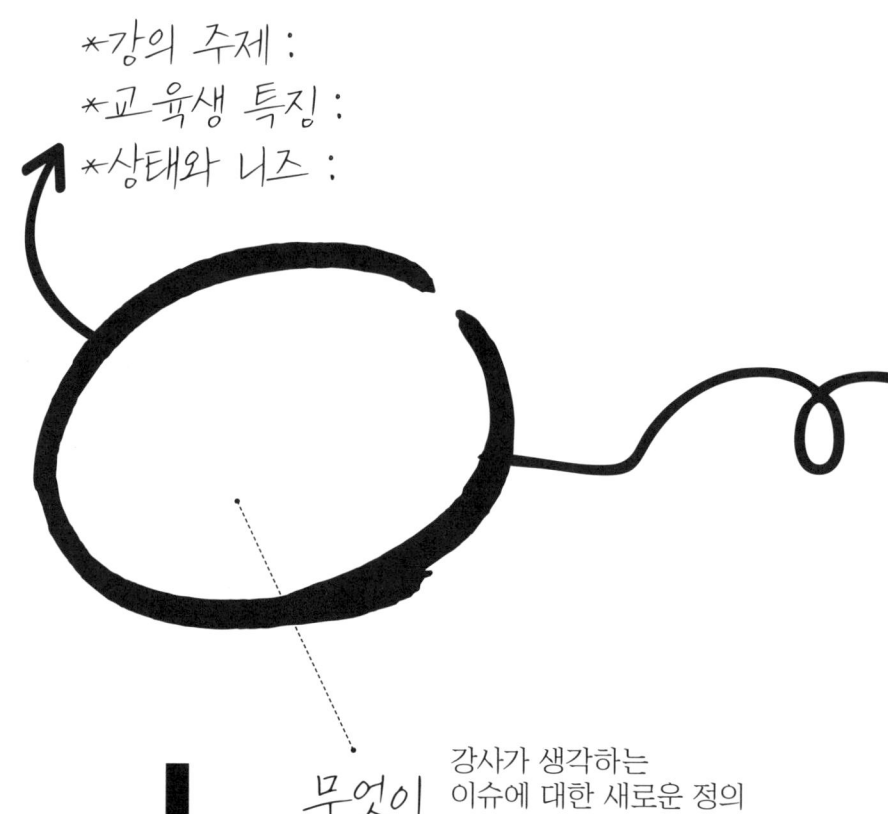

*강의 주제 :
*교육생 특징 :
*상태와 니즈 :

Issue 무엇이 진짜 문제인가요?
강사가 생각하는 이슈에 대한 새로운 정의

Solution 어떻게 해결할 건가요? 123

나만 해줄 수 있는
특급 솔루션

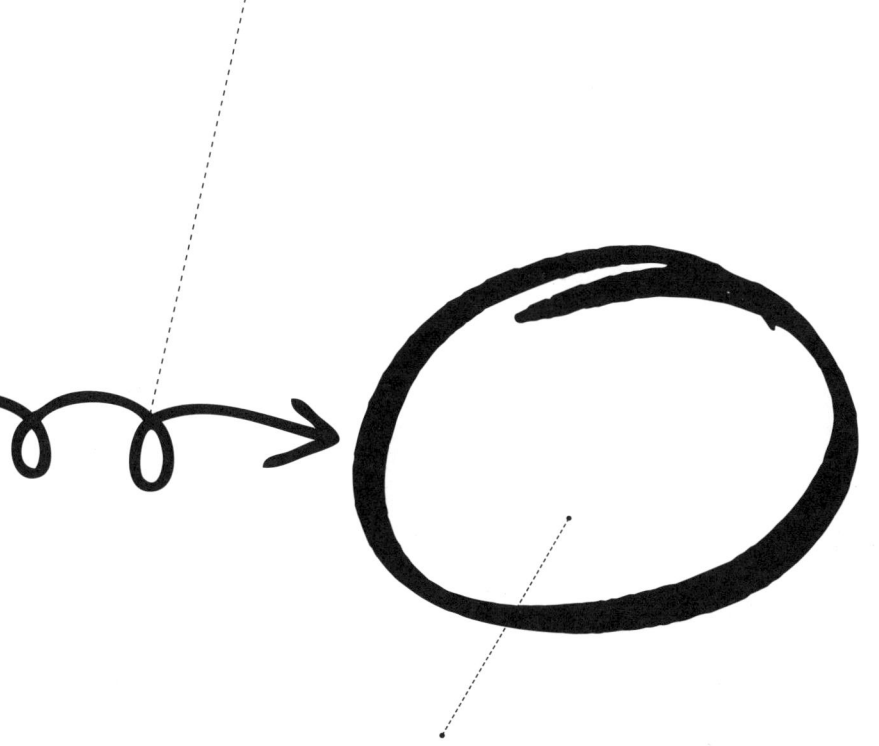

Result 어떤 결과를 얻게 되나요?

강의를 통해 얻을 수 있는
구체적인 결과와 혜택

My Lecture `Graphic Recording A`

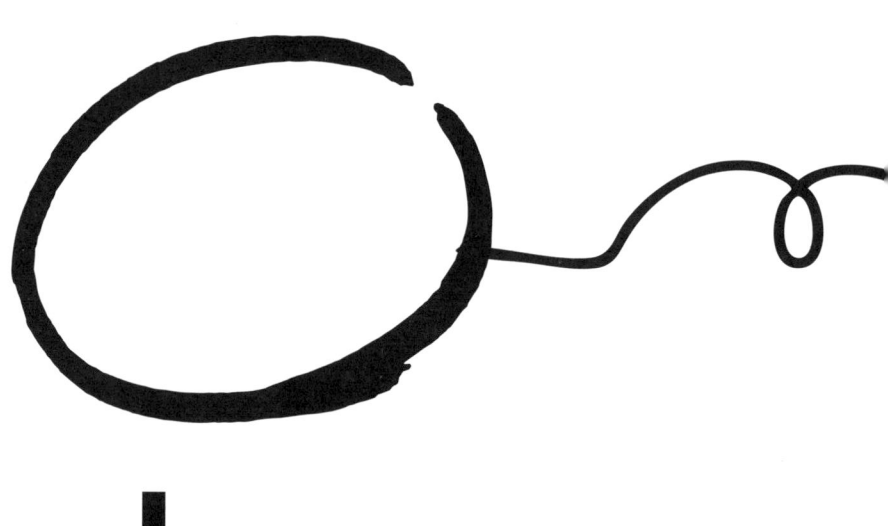

Issue

*강의 주제 :
*교육생 특징 :
*상태와 니즈 :

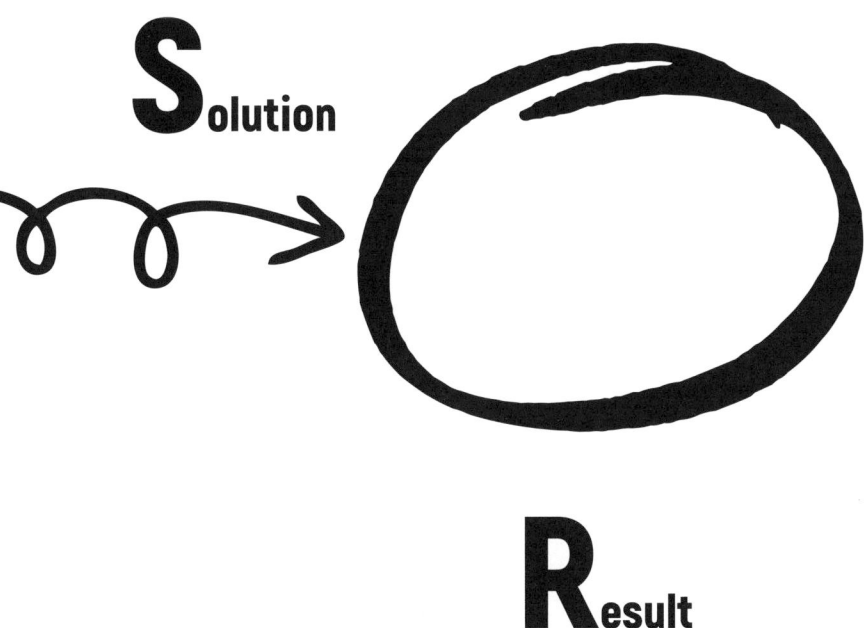

My Lecture — Graphic Recording B

Issue

무엇이 진짜 문제인가요?
강사가 생각하는 이슈에 대한 새로운 정의

발생하는 변수는?

*강의 주제 :
*교육생 특징 :
*상태와 니즈 :

Solution

어떻게
해결할 건가요? 123

나만 해줄 수 있는
특급 솔루션

Result

어떤 결과를
얻게 되나요?

강의를 통해 얻을 수 있는
구체적인 결과와 혜택

My Lecture Graphic Recording B

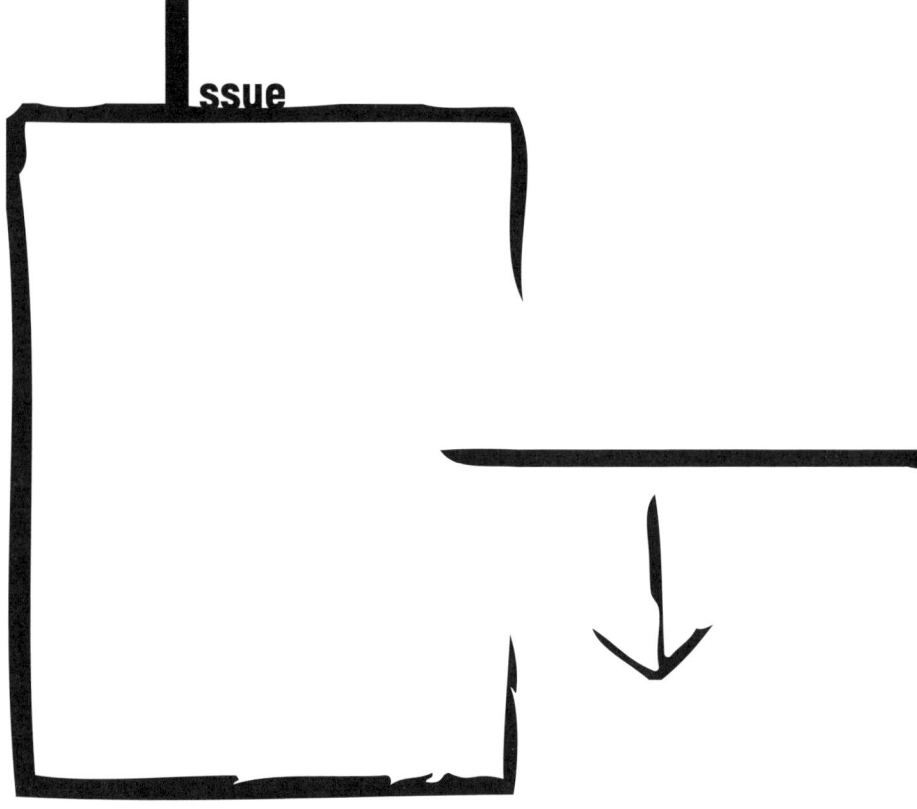

*강의 주제 :
*교육생 특징 :
*상태와 니즈 :

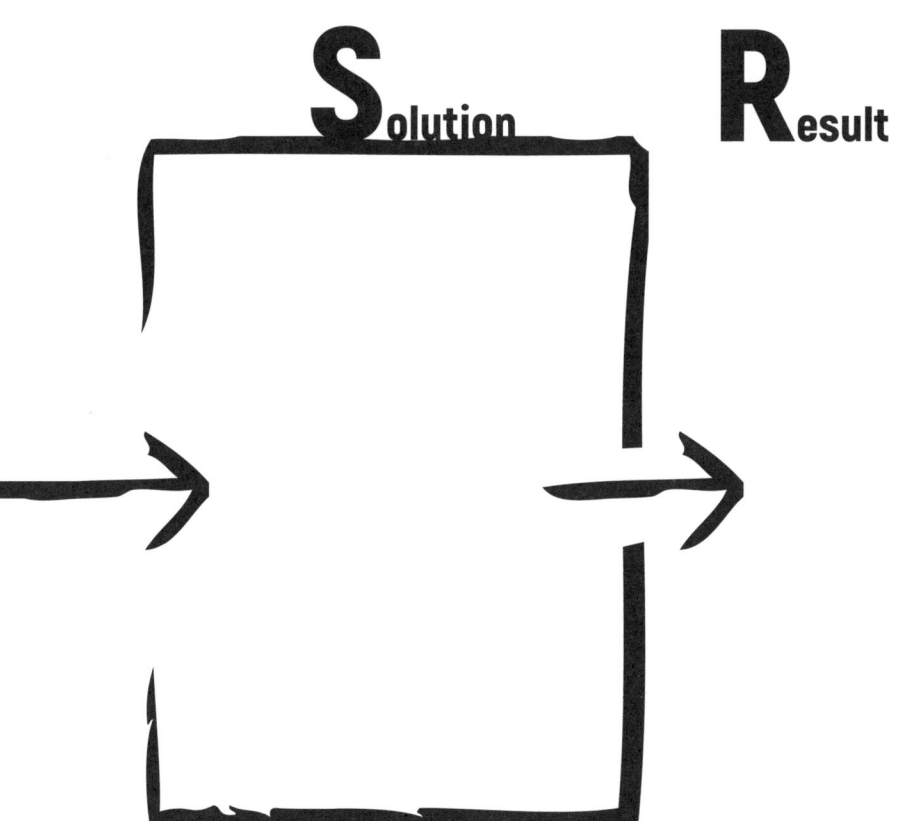

너무 복잡한데 어떻게 강의 핵심을 찾죠?

"실이 엉켜 있다면 자르거나 첫머리를 찾아!"

사회 초년생으로 좌충우돌하던 나에게 던져준 선배의 소중한 조언이었다. 사내에서의 직무 강의 환경은 난처한 상황이 자주 발생한다. 주어진 시간은 1시간인데 전달하고 이해시켜야 할 내용은 너무 많거나 전문 분야의 어려운 기술을 관련 부서 임직원들에게 쉽게 알려주어야 할 때도 강의 아이디어가 떠오르지 않아 스트레스를 받아야 한다.

복잡한 일이나 사건도 엉킨 실타래와 같아서 빠른 시간 내에 첫머리를 찾아야만 문제 해결이 가능하다. 하지만 항상 중요한 일이나 강의는 갈등이 많아서 그 수준이 높으면 높을수록 더 깊은 늪에 빠지곤 하는데 그렇다면 강의를 준비하는 상황에서 첫머리는 무엇이 되어야 할까?

Episode 07

'현상은 복잡하지만, 그 본질은 단순하다.'

선배의 조언과 함께 마음에 품고 있는 좌우명이다. 컨설팅할때도 복잡함 속에서 아주 작은 출발점을 보거나 결과에 따른 진짜 원인을 찾으려고 노력하면 대부분 문제를 해결할 실마리도 풀 수 있게 된다.

상대방 입장에서 상황과 문제를 바라보는 것을 실체화라고 하고, 보이지 않는 까다로운 문제, 즉 본질적인 문제를 이슈라고 부른다. 강의에서는 실체화와 이슈를 활용해서 첫머리를 찾아 빨리 풀어낼수록 강의를 살릴 수 있는 골든타임을 지킬 수 있다.

중요한 강의라고 책상 가득 자료를 쌓거나 검색 신공을 펼쳐 비슷한 강의를 찾아다닐 열정은 이제 조용히 앉아 교육생으로 변신해서 심해에 깔린 실마리를 찾는 에너지로 바꿔야 한다.

My Lecture `One Page Summary`

*Headline

강의 주제와 대략적인 제목을 쓰세요.

*Background

회사, 교육생과 관련된 상황, 교육생, 배경 등 강의가 필요한 이유를 쓰세요.

*Issue

도출된 문제점, 해결해야 할 과제 찾은 이슈, 근본적 출발점 등을 쓰세요.

*Goal

의도와 목적(방향), 목표(결과)를 구체적으로 쓰세요.

*Idea
- 이슈를 해결하는 3단계
- 문제 해결 방법론
- 비슷한 강의와 차별된 전략 전술

*Benefit
- 교육생들이 얻는 이익
- 회사가 얻는 가치

My Lecture `One Page Summary`

*Headline
___

*Background
___

*Issue
___

*Goal
___

*Idea
_____

*Benefit
_____

평소에 어떻게 강의 아이디어를 얻나요?

우리는 늘 빌린다. 휴대폰으로 사진을 *찍는 것은 현실 세계의 모습을 빌려 디지털 세상으로 옮기는 작업이다. 영화감독 미야자키 하야오는 여행, 음악, 미술에서 아이디어를 빌렸다. 〈천공의 성 라퓨타〉와 〈하울의 움직이는 성〉은 미네 마그리트의 〈피레네의 성〉에서 영감을 빌리고, 제임스 카메론 감독은 영화 〈아바타〉의 장면을 만들 때 다시 하야오의 영감을 빌렸다.

"도대체 그렇게 다양한 강의 아이디어와 소스를 어디서…."

질문이 틀린 건 아닐까? 지하 금고에 숨겨진 비밀스러운 보물을 구한 것이 아니라 모두 생활에서 빌려온 것이다. 자연의 법칙에서 빌려오고, 식물의 생장에서 힌트를 얻고, 동물과의 교감, 그리고 사람과의 인과관계에서 아이디어를 빌려 왔으니까.

Episode 08

바쁜 삶 속에서 강사의 눈으로 모든 것을 보고 아이디어를 빌리려면 3단계의 준비가 필요하다. 첫째는 강의를 좋아해야 하고, 둘째는 교육생의 마음을 헤아릴 수 있어야 한다. 마지막으로는 강의 핵심 메시지와 구조를 늘 머릿속에 그려야 한다.

빌리고 싶은 아이디어가 떠올랐다면 그 형상을 쓰고, 찍고, 드로잉하고, 녹음한다. 이때는 방법보다 행위가 더 중요한데 그 과정에서 아이디어는 뇌 속의 튼튼한 보물 저장소에 자리를 할당받는다. 영어 사전을 찾아본 단어들이 잊히지 않는 원리와 같을 것이다. 특히 강의를 시작하는 사람이라면 아이디어를 빌리는 습관이 필요하다. 강의를 향한 작은 관심은 가까운 미래에 놀라운 나비효과를 선물한다.

*찍는다 : '촬영한다'보다 매력이 있다.

PART 03

설계
디자인

강의

학문이나 기술의 일정한 내용을
체계적으로 설명하여 가르침.

현실에선 교육생들의 의식과 행동에
변화를 미쳐야 진짜 강의

진짜 강의는 교육 후에
모습을 드러낸다

01 여행은 준비할 때가 가장 즐겁다

여행처럼 강의를 준비하는 방법

"여행이니까 그렇죠."

생각을 뒤집어 봅니다.
공부의 좋은 결과를 상상해보고
강의가 끝난 후의 박수를 떠올리고
새로운 집을 지어 아이들이 노는 꿈을 꿉니다.
무엇이든 준비가 즐거워집니다.

분명한 것은 무엇이든 스스로 즐거워야
최고의 상태를 유지할 수 있다는 것입니다.
강의가 곧 여행이라는 것, 억지는 아니죠.

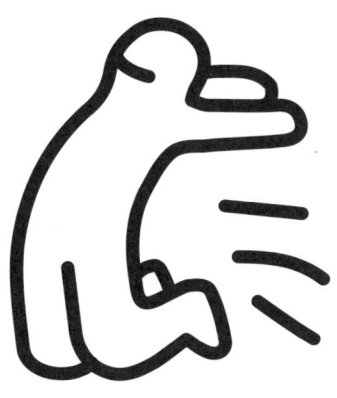

My Trip

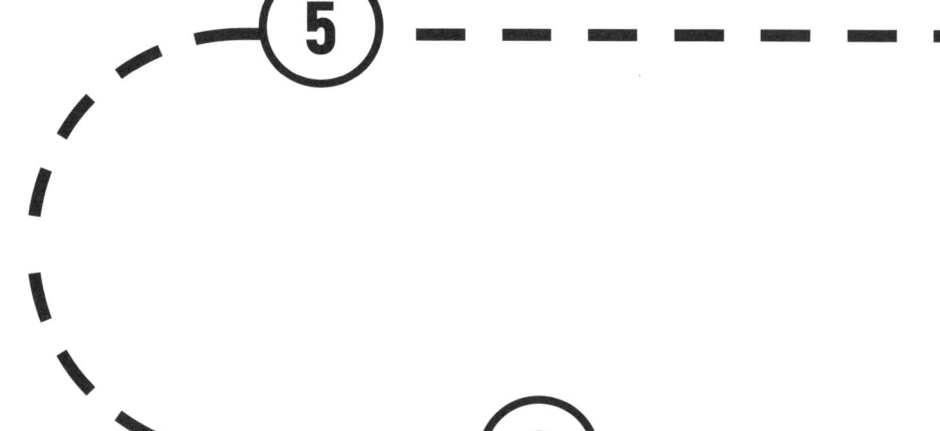

여행, 어떻게 준비해서 떠나나요

*떠나기 전 일주일 동안의 타임라인을 써봐요.

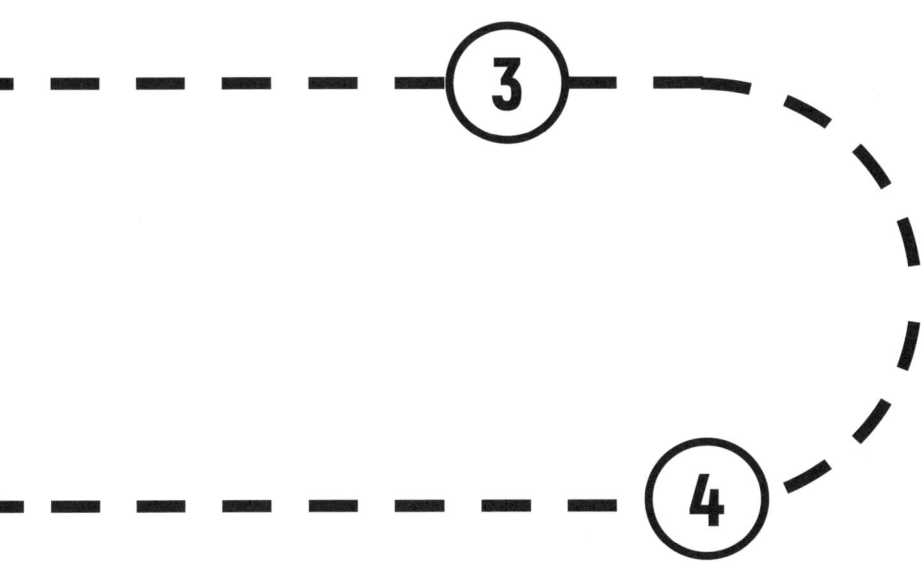

My Lecture

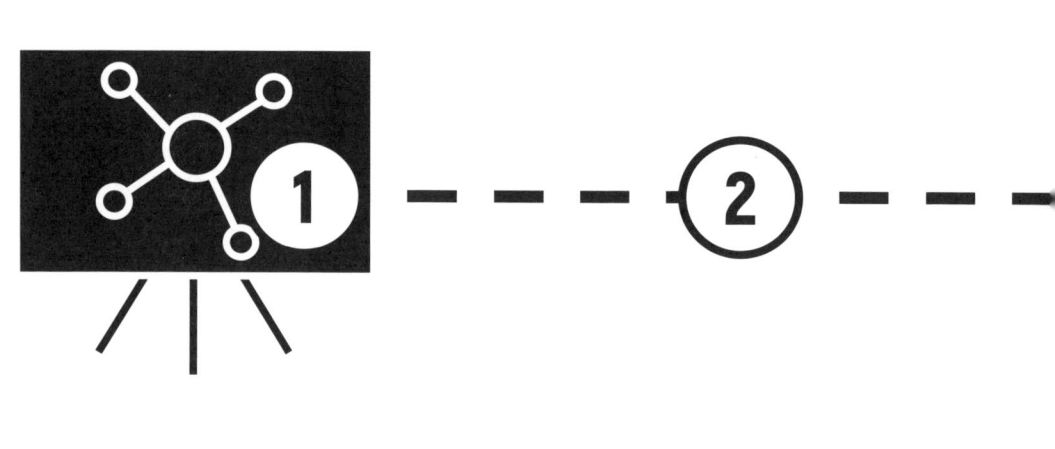
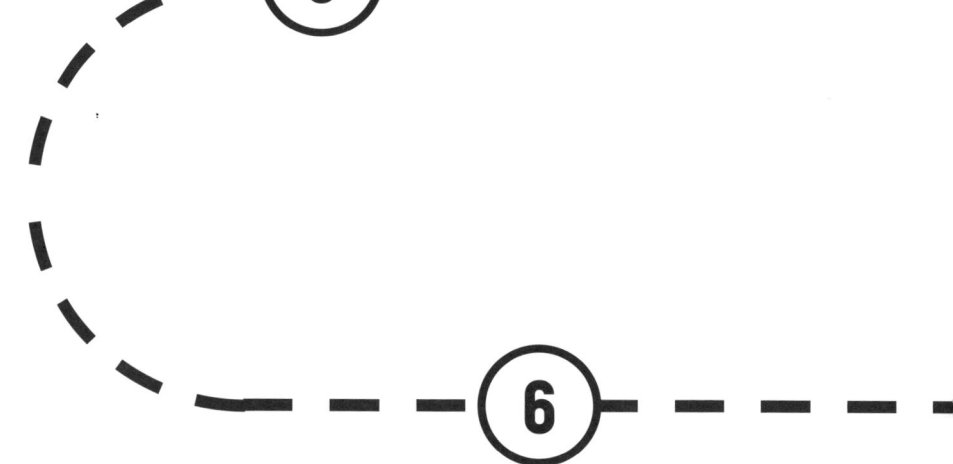

강의, 어떻게 준비하나요?

*일주일 동안의 타임라인을 써봐요.

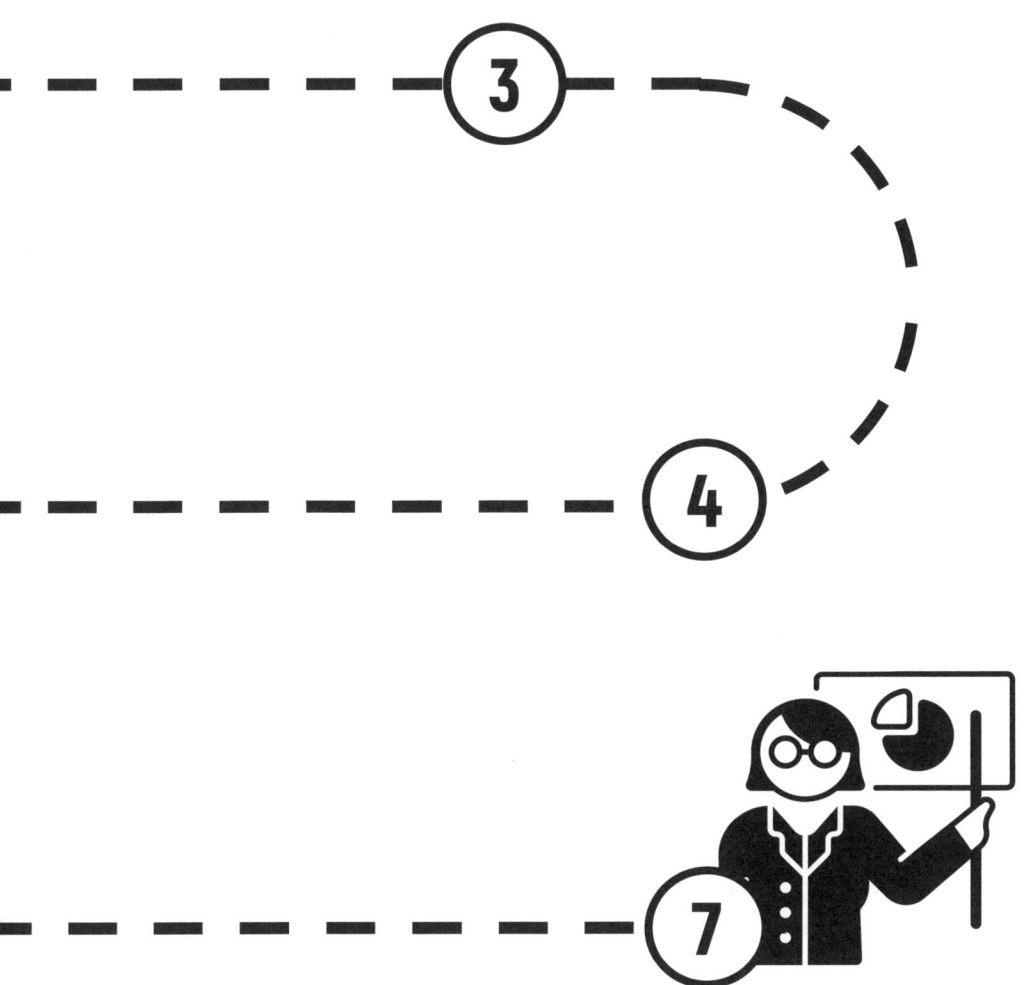

강의 준비 START	02 강의는 *한 달 동안의 타임라인을 써봐요.	03 어떻게 →	04 준
08	09	10	11
15	16	17	18
22	23	24	25

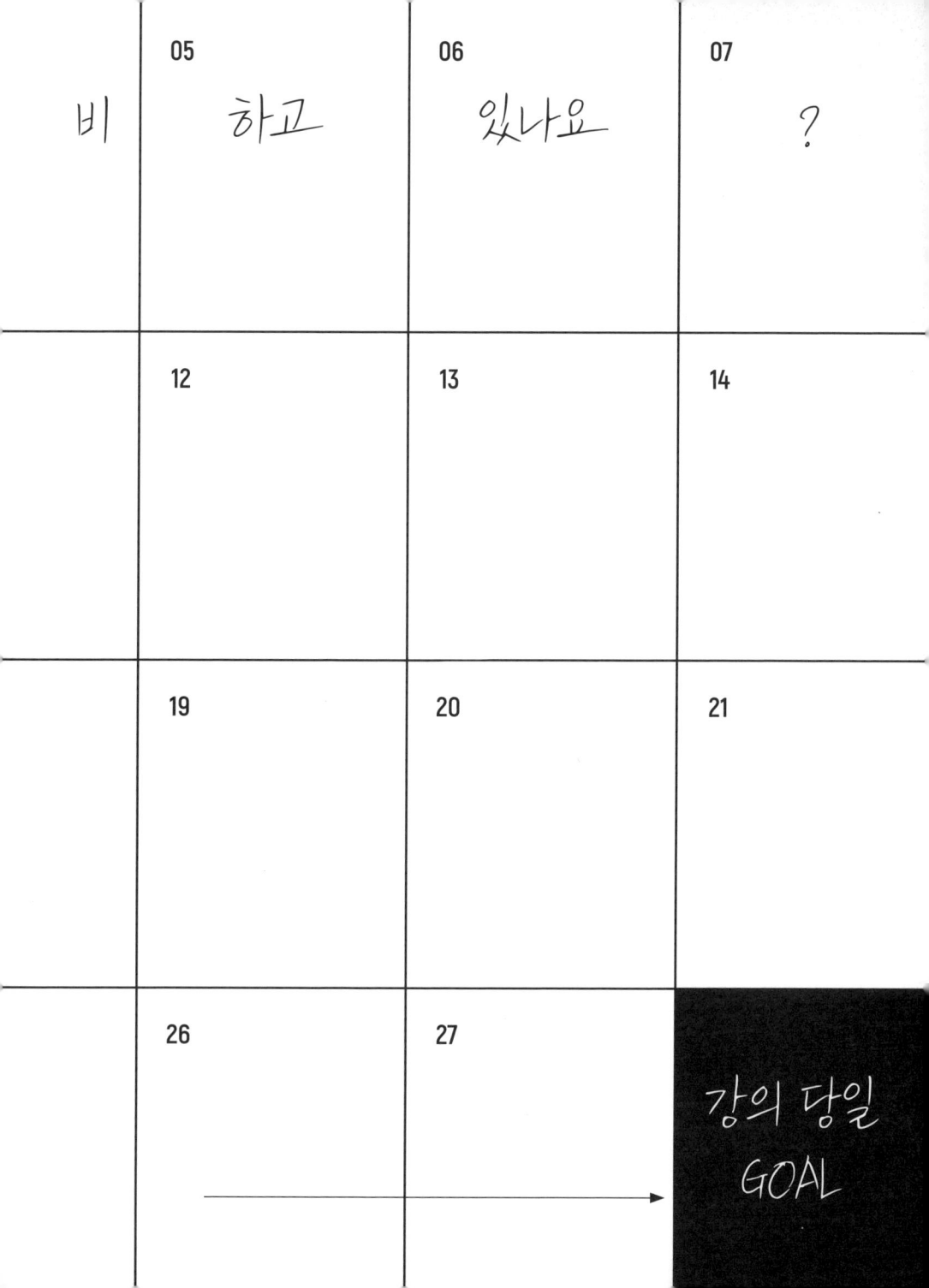

	02	03	04
참 나쁜 START	이번에는 새롭게 강의를 준비해야지		
08	09	10	11
	사내에 비슷한 강의는 뭐가 있나?		
15	16	17	18
		어, 진짜 급한 업무가 생겼네.	
22	23	24	25
		너무 시간이 없네 예전 것을 살짝 꺼내기만	

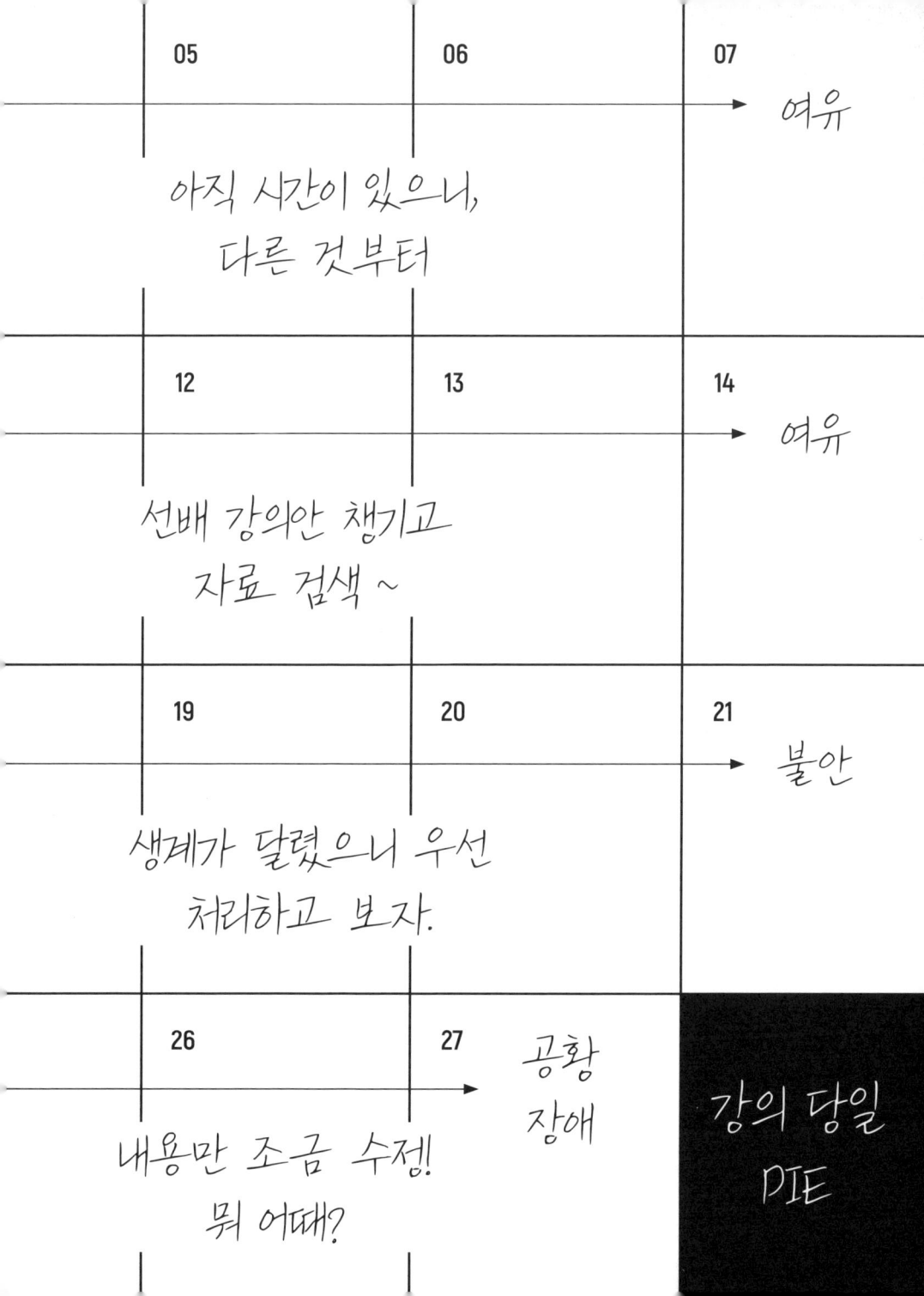

	02	03	04
참 좋은 START	내가 강의할 주제와 핵심 내용을 꼼꼼히		
08	09	10	11
	식사할 때 만나면 몇 가지를 물어보고		
15	16	17	18
	실제 고민과 이슈를 선별하자		
22	23	24	25
	설계한 얼개에 맞게 콘텐츠 작성		

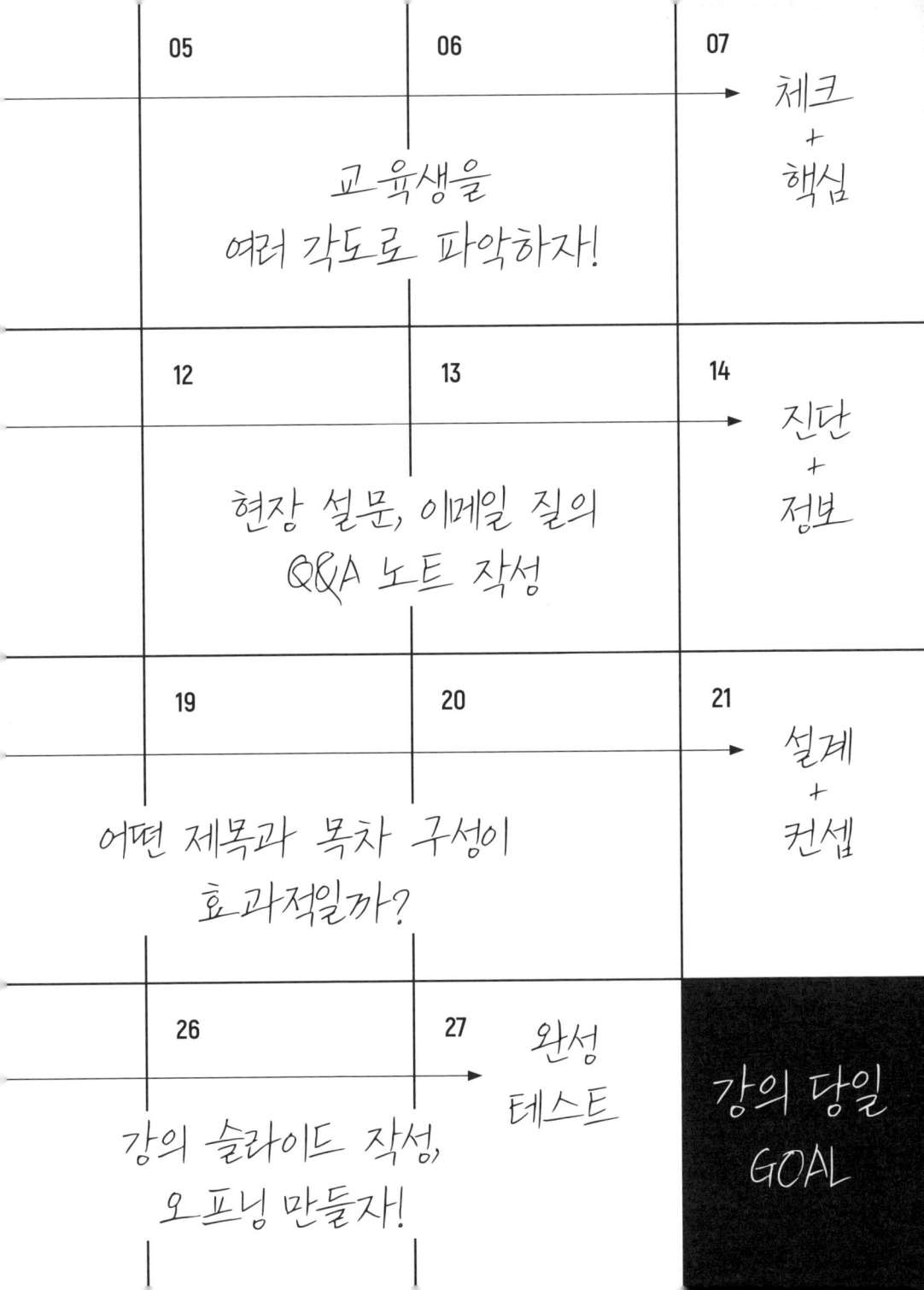

Flow & process

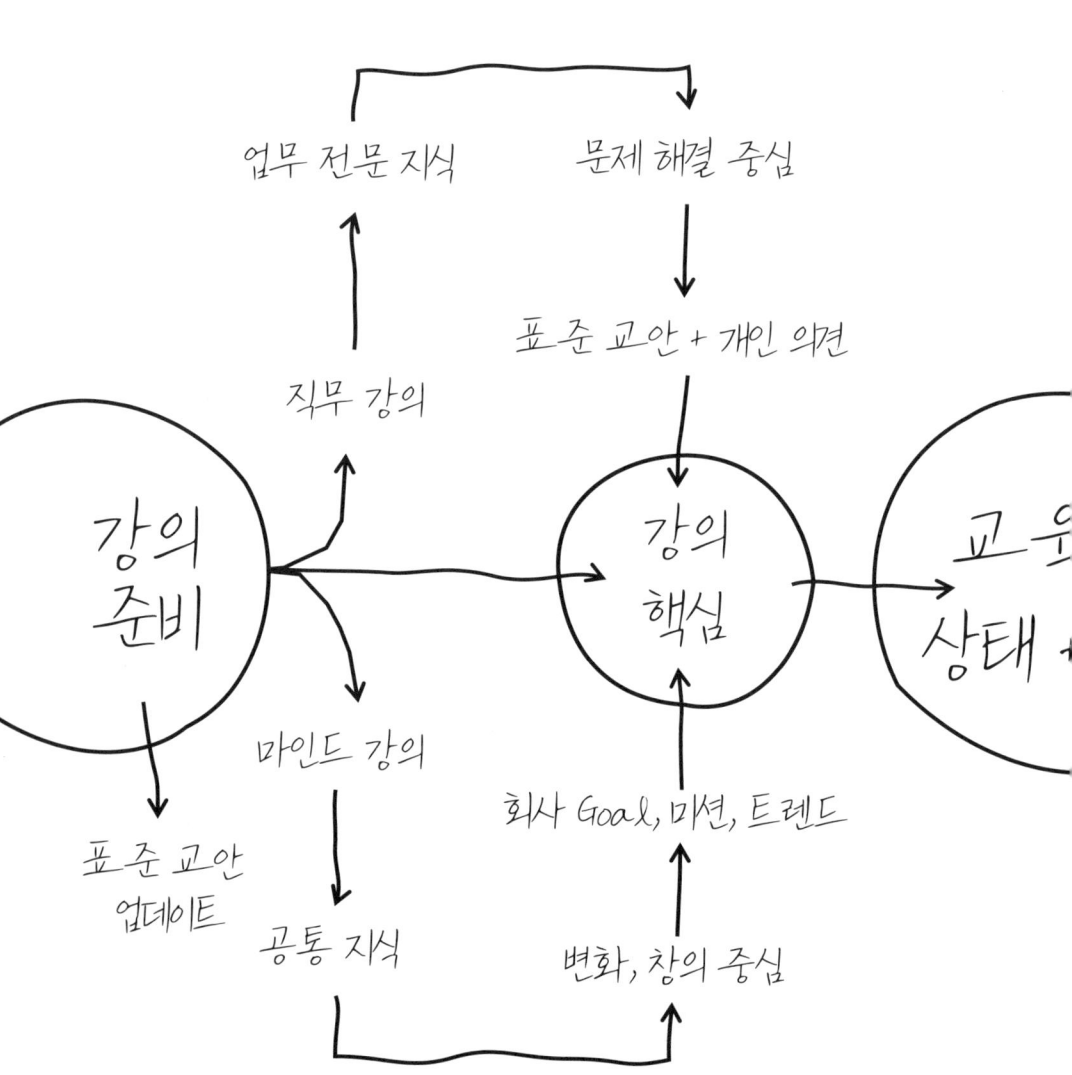

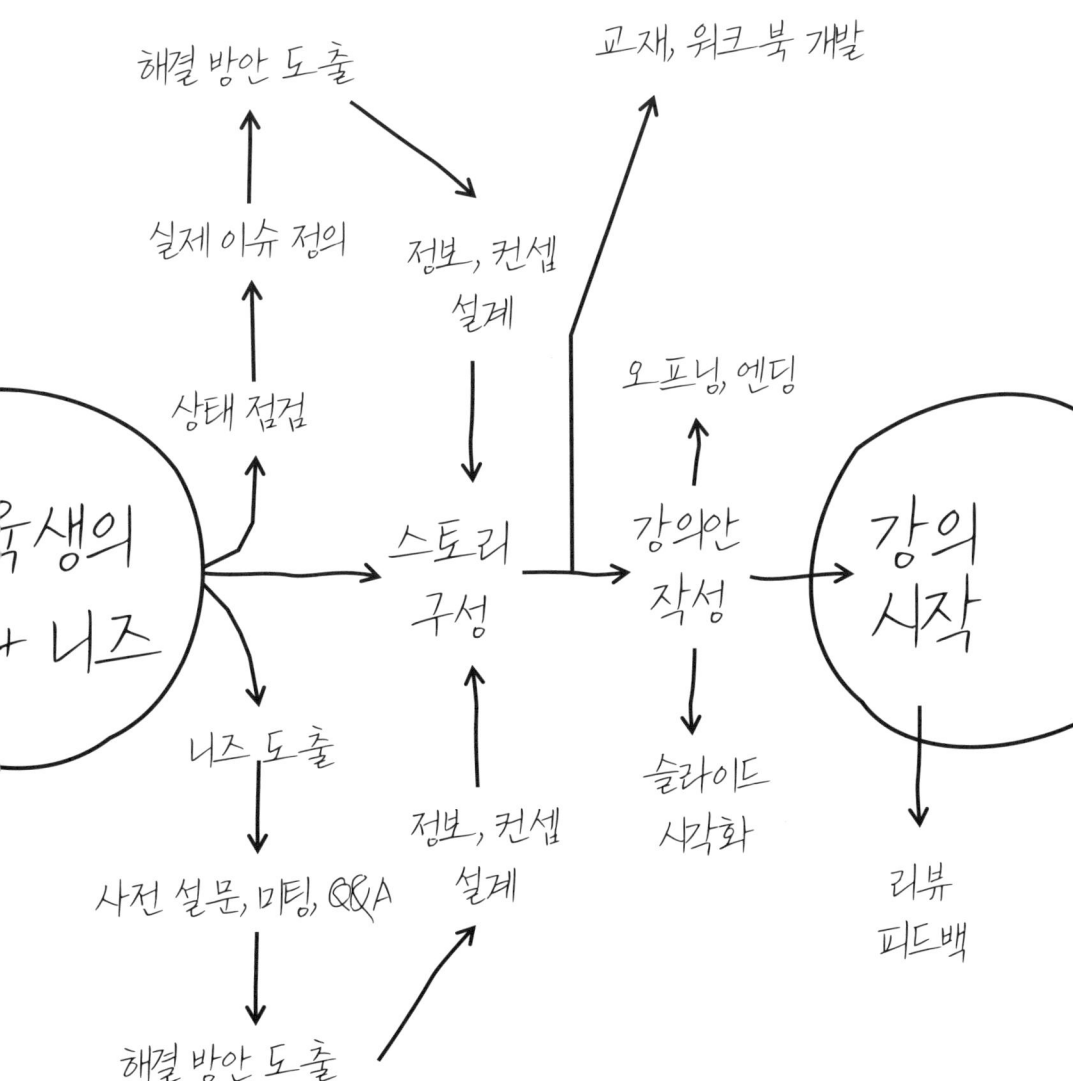

강의 준비할 시간이 진짜 없다니까요.

한 마디 물어봤는데 돌아오는 대답은 길다.

"시간이 없다니까요!"
"어이구. 바쁜데 강의 준비에 시간을 어떻게 내요."
"별도 시간이 주어지는 것도 아니고, 일은 쌓이고….”

그래서 강의 준비를 하기 어렵다고들 말한다. 틀린 말도 아니리라. 경쟁은 날카로워지고 AI 때문인지 인원은 자꾸 줄어드는데 업무량은 하루가 다르게 늘어나는 현실에서 사내 강사를 겸임한다는 것은 얼마나 어려운 일이겠는가 말이다.

하지만 재미있는 점은 그렇게 대답하는 모든 사내 강사들의 마음속에는 하나같이 '강의를 잘하고 싶다!'라는 불덩어리를 품고 산다는 것!

Episode 09

원인과 해결책을 찾아 나서자. 시간이 없다면 평소 틈틈이 교육생 정보만 모은다. 신입사원이라면 대학생 조카와 대화를 해서 그들이 사용하는 관심 단어를 파악해 보고, 교육 부서와 이야기해서 기수별 특징도 체크해 둔다. 서베이나 심층 인터뷰(FGI)가 더 좋겠지만 그럴 시간도 여유도 없다면 강의 현장에서 상태와 니즈를 파악하는 방법을 쓰자.

"여러분들 책상 앞 포스트잇에 오늘 강의와 관련해서 꼭 물어보고 싶었던 질문이나 고민을 적어서 붙여 주세요. 그러면 제가 강의 중간에 현장 답변을 드리겠습니다."

현장에서 바로 답할 수 없다면 당황하지 말자. 강사가 완벽할 수는 없지 않은가? 이때는 메일로 답변을 주자. 어찌 되었든 현장에서 문제를 해결해준 강사로 레벨 등극할 수 있다. 이런 포스트잇을 버리지 말고 강의 때마다 모으면 3년 뒤 '선배들의 실무 Q&A Best 10'이라는 제목으로 멋진 강의를 할 수 있으니까.

02 언제나 몇 번이라도 심플함이 이긴다

더 이상 버릴 것 없는 강의 프로파일 작성

Problem

Tangle

"이 차장, 이번 교육은 어떻게 뭐가 좀 다른가?
간단하게 강의 핵심을 말해봐"

설명을 하자니 너무 길어지고, 짧게 말하면 이해하기 어려우니 난감합니다. 강의는 보고 발표와 달리 써머리를 제출할 필요는 없지만, 상사나 학습자에게 강의 특징이나 계획을 말하는 시간이 생기므로 핵심을 언제나 한 페이지에 담을 수 있어야 합니다.

생각과 방법론을 상대에게 제대로 보여주려면 중요한 것을 자주 강조하기보다는 오히려 불필요한 것을 버리는 것이 더 유리합니다. 심플하게.

Solution

Simple

Element control

실력 있는 강사라면 강의 전 발생하는 변수는 빠르게 찾아서 조치하고, 강의 중 돌발 변수는 반드시 강사 스스로 제어할 수 있어야 하죠. 되도록 사전에 조치가 이뤄져야 만족하는 강의를 할 수 있으므로 크게 다섯 가지의 요소를 충분히 조율해서 최적화된 강의를 준비합니다.

Element control sheet

의도	강사로서 이번 강의는 어떤 의도를 품고 있는가?
목표	교육생이 변화될 구체적인 목표는 무엇인가?
시간	주어진 시간은 어떻게 활용할 것인가?
수준	교육 대상자의 지식과 경험은 어느 정도인가?
유형	나이는? 성별은? 논리적인가? 감성적인가?

Time Portfolio

강의 내용을 잘 담는 것도 중요하지만 주어진 시간을 알차게 쓸 방법도 고민해야 합니다. 시간 포트폴리오는 교육 시간을 어떤 방식으로 쓸 것인지 결정하여 강의를 큰 그림으로 그릴 수 있어서 교육생과의 교감을 높일 수 있는 장치입니다.

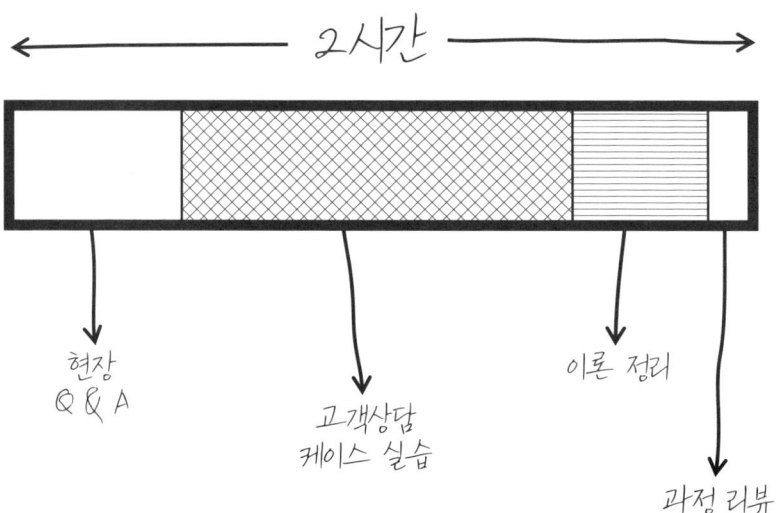

강의명 : 고객 상담 기법

2시간

현장 Q&A
고객상담 케이스 실습
이론 정리
과정 리뷰

강의 목차가 내용 중심의 전개라면 시간 포트폴리오는 어떻게 운영하는가를 결정하는 것으로 두 개 요소 모두 강의 품질과 최적화 수준을 가늠하는 잣대입니다. 우수 강사는 강의할 때마다 남몰래 포트폴리오를 재편성하고 있으니 참고하세요.

강의명 : 브랜드 매니지먼트

← 3시간 →

- 팀 대항 실습 1
- 선진 브랜드 사례
- 브랜드 매니지먼트 실무 교육
- 팀 대항 실습 2
- 현장 브랜드 점검
- 과정 리뷰 Q & A

Time Portfolio

강의명 :

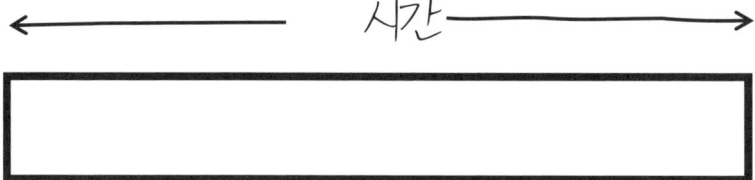

강의명 :

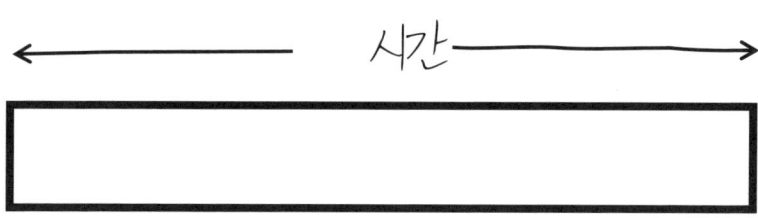

*강의명과 강의 시간을 기록한 후 포트폴리오를 채워보세요.

Course Profile

강의 프로파일은 앞서 강의에 대한 진단과 이슈 도출을 통해 얻은 정보를 바탕으로 어떤 강의를 할 것인지 기록하는 한 장 계획서입니다. 심플하지만 엄청난 내용을 담고 있는 셈이죠.

제목 1	의도와 메시지를 포함한 정서형 헤드라인
제목 2	구체적이고 이성적인 논리형 헤드라인
대상	교육 인원, 대상 특징
목표	교육을 통해 이루려고 하는 것

강의 프로파일은 누구라도 내용을 보는 것만으로 강의 전체의 흐름을 한눈에 알아볼 수 있어야 합니다. 작성된 결과물을 가지고 서로 논의해서 매력지수를 더 높여 보세요.

시간	교육 시간
목차 123	의도와 메시지를 연계한 목차 구성 (3개)

*구체적으로 작성해야 실전에 도움이 됩니다.

어떻게 강의 슬라이드 없이 강의하죠?

"어떻게 강의 슬라이드 없이 강의가 가능하죠?"
"왜요. 특강 내용과 흐름이 이상했나요?"
"아니요. 오히려 교육생들의 몰입감이 생기고 의견을 주고받으면서 더 많이 배울 수 있었어요."

2시간 특강을 슬라이드 하나 없이 강의했다. 어쩌면 이상할 수 있지만 다르게 보면 치밀한 계획이라고 할 수 있다. 실무자들의 고민을 해결하는 것이 목적이라면 그들이 가지고 있는 이슈에 빠르게 접근하고 근본적인 해결책을 제시해주는 것만으로도 교육생에게 박수받을 수 있다.

이때 필요한 것은 칠판과 마커 펜. 2시간 타임 포트폴리오를 통해서 실제 이슈를 도출한 후 본질적인 고민에 대해서 현장에서 듣고 풀어주는 형식이 좋겠다고 결정했다.

Episode 10

칠판에 마커로 쓰고 그리면서 강의를 이어가면 몰입감도 높아진다. 되도록 원리를 큰 그림으로 그려주고, 자세한 사항은 쓰면서 설명하면 된다.

"강의는 무조건 슬라이드와 빔프로젝터가 있어야 해."
"반드시 컴퓨터와 파워포인트로 정보를 보여 줘야지."

어쩌면 강사에게 노트북, 빔프로젝터, 스크린, 파워포인트, 무선 프리젠터가 필수품은 아니다. 이들은 강의를 손쉽게 할 수 있도록 도와주는 페이스메이커와 같은 역할이다.

칠판을 쓰면 촌스러워 보이고, 강의 수준이 낮아 보이지 않냐고? 정말 촌스러운 강의는 남과 똑같은 내용을 멋진 슬라이드에 담아낸 것들이다.

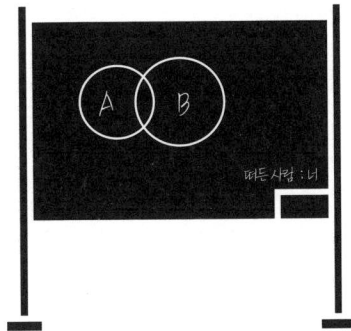

03 컨셉, 점을 연결해서 이름을 짓다

1% 나만의 강의를 짓는 법

Fact

*컨셉과 콘셉트
원래 한글 맞춤법에서는 '콘셉트'로
표기해야 합니다만 발음대로 부드럽게
읽히라고 '컨셉'으로 표기했습니다.

컨셉은 많이 들어봤고 실제로도 사용하고 있지만 좀 모호한 단어입니다. 여기에 붙이고 저기에 붙여도 뭐 뜻은 통하니까요.

강의에서 컨셉은 기존의 사실이나 데이터를 서로 연결하여 새로운 이름을 짓는 것이라고 생각하면 됩니다. 그러니까 '이번 강의 주제는 0000이다!'라고 세상에 알리는 신나는 신고식입니다.

'성과 촉진 리더십' 강의의 새로운 컨셉을 적용하려고 합니다. 이때 강사 대부분은 1차 연상을 통해 컨셉화를 시도하는데 가장 쉬운 방법으로 해당 단어에 대한 전형적인 개념 이미지를 떠올리고 그것을 바로 강의에 사용합니다. 하지만 그 전형성 때문에 교육생들은 숨이 막혀오죠.

2차 연상으로 철새의 무리를 떠올리거나 높은 산을 정복한 Winner, 지구의 문제를 해결하는 슈퍼 울트라 히어로를 상상해 보지만 기존에 봐 왔던 정의와 크게 벗어나지 않습니다. 특히 500번 넘게 본 철새 이미지는 더는 보고 싶지 않죠. 다른 관점, 나만의 시선이 필요합니다. 강의에서 진짜 해주고 싶은 메시지는 무엇인지.

왜 성과를 내야 하고, 왜 퍼포먼스를 촉진해야 하는가에 대한 자신만의 정의가 우선되어야 합니다. 좋아하는 자동차의 속도계를 떠올려서 성과를 급속도로 높이는 모습을 상상해 보거나 먼 곳을 바라봐야 성과가 좋아진다는 뜻이라면 등대를 떠올려 보고, 단계별로 성장한다는 의미라면 대나무의 마디 성장도 색다른 정의가 될 수 있습니다.

*퍼포먼스와 자동차 출력을 연경하여 컨셉을 정의한 경우

*등대라는 속성에 리더십과 성장이라는 개념을 붙인 경우

*퍼포먼스 리더십의 특징을 대나무의 마디 성장에 비유한 경우

'조직에서 성과를 높이는 것은 자신과 모두를 위한 것이 아닐까? 성과를 내는 것은 또 다른 시작을 위한 과정이라고 여긴다면 어떨까?'

질문에 답을 찾아보면 민들레 홀씨의 모습을 떠올릴 수 있고, 강의 표지와 메시지, 오프닝과 엔딩에도 자연스럽게 연결하여 사용할 수 있습니다.

주제를 조금만 다르게, 어떻게든 나만 할 수 있는 쪽으로 생각을 비틀어야 합니다. 내 강의가 새롭고 다르게 보이려면 그 정도의 노력은 필요한 시대가 되었으니까요.

*민들레 홀씨는 완성되면 흩날려서 또 다른 곳에 생명을 만든다.

강의 컨셉을 설정할 때 가장 쉬운 방법은 말하고자 하는 의도를 담을 수 있는 특별한 속성을 찾는 일입니다. 예를 들어 '한국형 디자인 씽킹'이라는 내용을 강의한다고 가정해 보죠.

1. 강의 주제
한국형 디자인 씽킹 프로세스

2. 이슈
디자인 씽킹이 겉돌아서 임직원들이 생각하는 정의가 달라 현장 적용이 어렵고 아이디어 도출이 더 느려짐.

3. 목표
- 디자인 씽킹을 같은 개념으로 인식하도록 한다.
- 그 결과 아이디어 도출이 빨라지도록 한다.

4. 이익
개인의 창의성과 문제해결 능력을 높임과 동시에 다양한 관점으로 접근하여 근본적인 이슈를 능동적으로 처리

Design Thinking Process

한국에서는 앞 쪽 1, 2단계가 가장 큰 문제 → **Empathy (공감)** / **Define (정의)**

[아이디어를 먼저 제시하지 않고 자유로운 논쟁을 어려워 함]

↓

본질에 대한 공감력
확산 사고력
새롭게 정의하는
능력이 필요함

- Empathy (공감)
- Define (정의)
- Ideate (아이디어)
- Prototype (목업)
- Test

컨셉은 강의 핵심을 이해하기 쉽도록 기억하기 좋은 단어와 문장으로 새롭게 정의되어야 합니다. 하지만 처음부터 주제와 핵심 내용에만 집중하면 새로운 이미지가 떠오르지 않고 많이 봐왔던 개념 이미지 쪽으로만 기울어집니다.

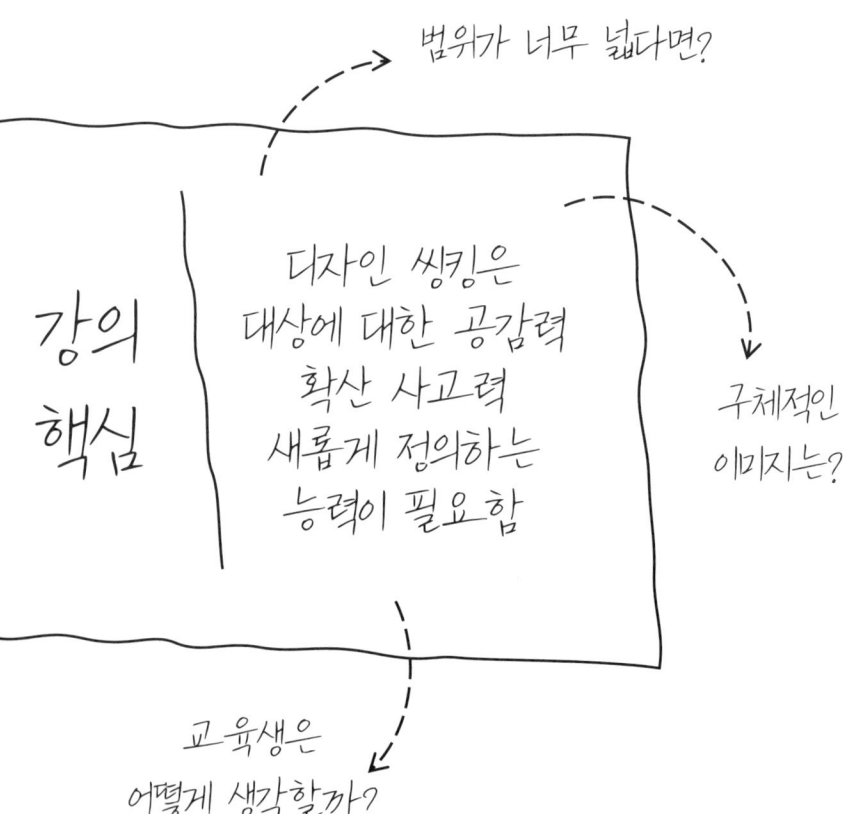

이때는 엉뚱한 관점이 필요하죠. 문제가 발생한 시점을 확대하거나 새롭게 찾은 진짜 이슈, 교육생의 마음속 갈등과 고민에서 출발하여 다양하게 접근하는 질문을 던져야 합니다.

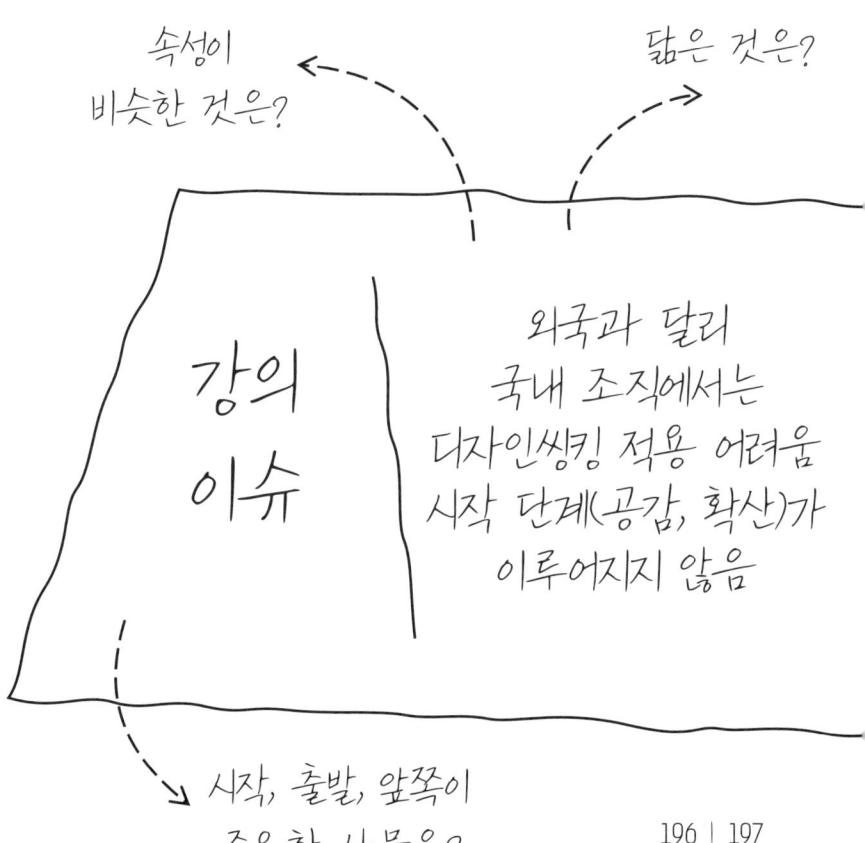

강의 핵심을 튼튼하게 하고 속성을 연결해요.

당연한 속성보다는 좀 멀리 있는 속성을 가져와요.

가져온 속성을 편집해서 컨셉을 완성해요.

컨셉을 확장할 때는 완성된 문장으로 계속 써보고 수정합니다. 지우지 말고 복사해서 쓰고 함께 보면서 아이디어를 계속 확장해 나가야 합니다.

> **" 시작, 출발, 앞쪽이 중요한 사물이나 현상은?**

- 디자인 씽킹은 달리는 **기관차!**
  뒤쪽의 열차를 끌어주니까 ~

- 디자인 씽킹은 **100m 달리기**
  스타트가 승부를 결정하거든 ~

- 디자인 씽킹은 **롤러코스터**
  출발할 때가 가장 무섭지만 가장 짜릿하지

서로 다른 관점으로 만들어진 문장에서 가장 마음에 드는 녀석을 골라 강의 컨셉으로 결정해서 사용하면 됩니다. 이후 컨셉을 완벽하게 시각화하면 더욱 좋겠지만 컨셉 자체만으로도 강의는 매력적으로 바뀌게 됩니다. 왜냐하면, 세상에 하나뿐인 이름을 지었으니까요.

- 디자인 씽킹은 달리는 기관차!
  뒤쪽의 열차를 끌어주니까~

- 디자인 씽킹은 롤러코스터
  출발할 때가 가장 무섭지만
  가장 짜릿하지~

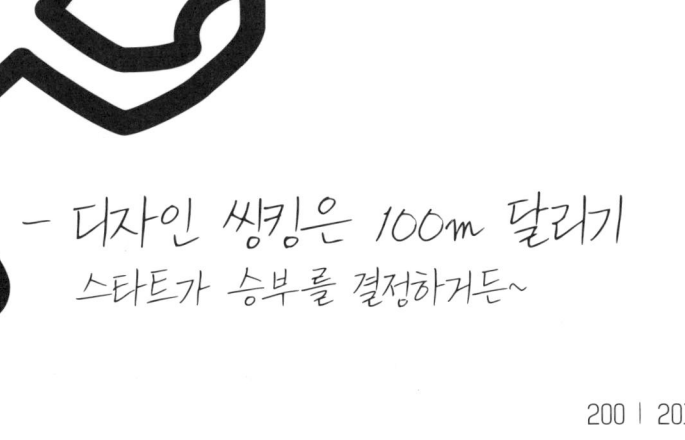

- 디자인 씽킹은 100m 달리기
  스타트가 승부를 결정하거든~

Design Thinking
ROLLER COASTER

출발을 가장 짜릿하게 !
한국형 디자인 씽킹을 말하다 !

강사 우석진
www.wooseokjin.com

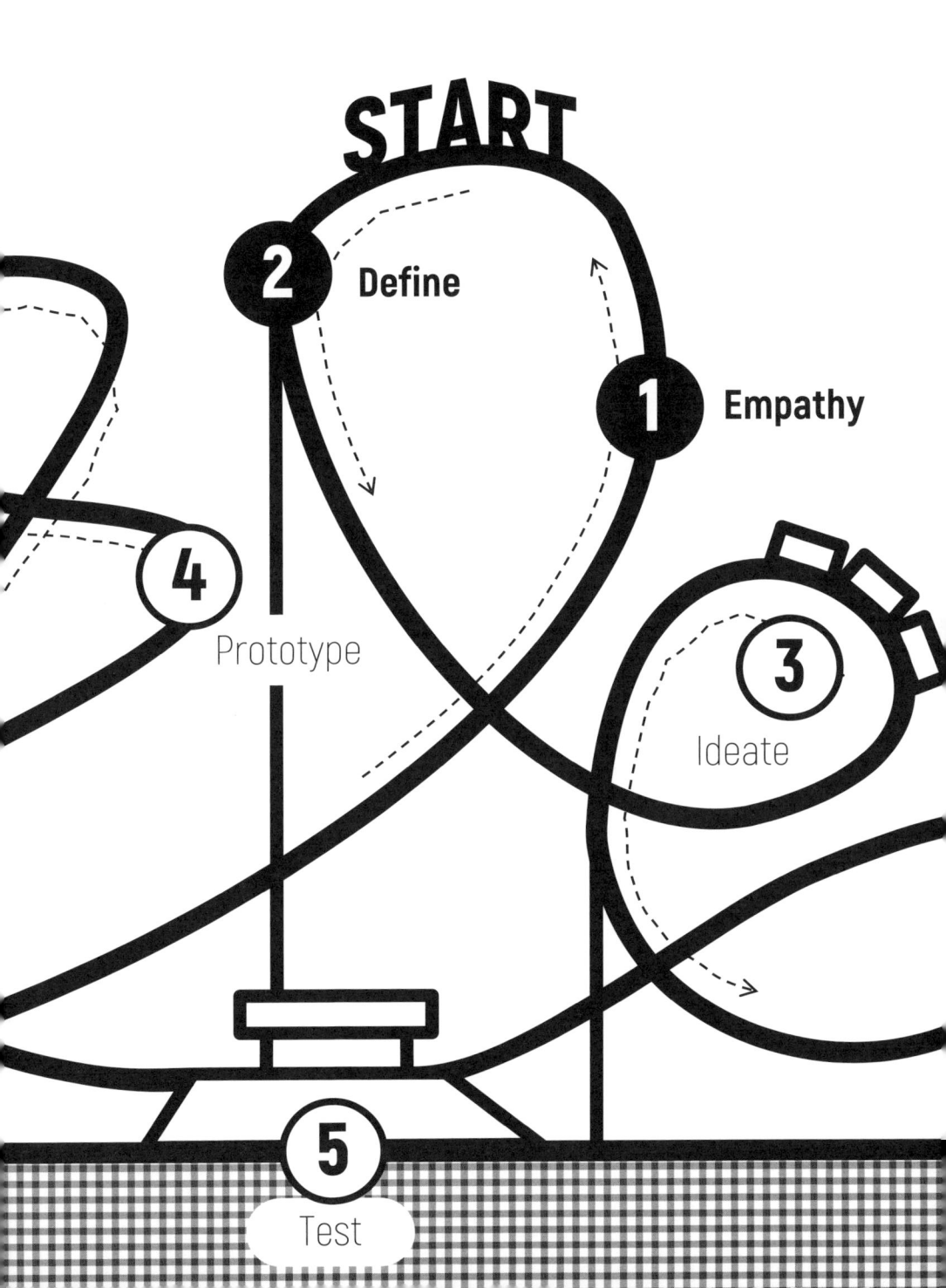

내 강의는 두 개의 폰 중에
무엇과 닮았을까요?

Reason ❶ _____

Reason ❷ _____

Reason ❸ _____

내 강의를 대표할 수 있는
스마트폰을 찾아 설명하세요.

Reason ❶ _____

Reason ❷ _____

Reason ❸ _____

결정한 스마트폰 특징으로
유니크한 제목을 써보세요.

iPhones

Headline _____

_____

_____

Part ❶ _____

Part ❷ _____

Part ❸ _____

교육생이 아하~ 할 수 있도록
3가지 강의 핵심을 구성하세요.

Android Phones

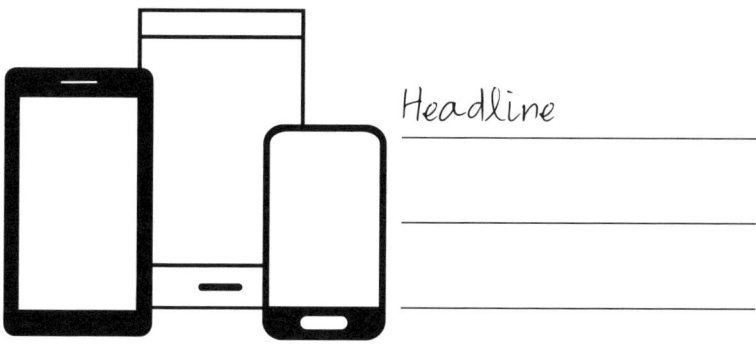

Headline

Part ❶

Part ❷

Part ❸

내 강의 주제를 대표할 수 있는
속성을 찾아 설명하세요.

 Golf

 Hiking

 Skiing

 Exit

 Run

 Yoga

 Selfie

 Cleaner

 Climbing

 Delivery

 Break

 Hula Hoop

 Bodybuilding

 Sweeping

 Ski

결정한 속성으로 강의 핵심을 3개로 구성하세요.

Golf　　　　　Hiking　　　　　Skiing
❶ _____
❷ _____
❸ _____

Exit　　　　　Run　　　　　Yoga
❶ _____
❷ _____
❸ _____

| Selfie | Cleaner | Climbing |

❶
❷
❸

| Delivery | Break | Hula Hoop |

❶
❷
❸

| Bodybuilding | Sweeping | Ski |

❶
❷
❸

억지로 연결한다고
컨셉이 만들어질까?

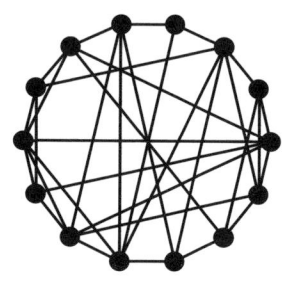

100% 성공할 수 있다. 평소 아이디어를 쥐어 짜내는 것보다 강제로 연결하는 방법을 애용한다. 특히 시간이 없을 때 좋다.

"제안 역량을 커피로 정의한다면?"
"회계 실무 강의를 나무로 비유해서 설명해 보세요."
"조직 활성화 지점장 강의를 우주선 발사로 비유한다면?"

사내 강사를 만나보면 실력이 뛰어난 인재들이 정말 많다. 하지만 그들이 늘 아쉬워하는 부분은 자신의 강의가 그리 의미 있고 특별하지 않다는 것이다. 하지만 생각해보면 특별하지 않은 강의는 어디에도 없다. 시간이 다르고, 강사가 다르고, 교육생이 다르고, 그 시점의 이슈도 다르기 때문이다. 그렇다면 그것을 강의 속에 녹여내는 것이 어려운 것 아닐까?

Episode 11

"제안의 핵심을 에스프레소로 정의하면 어떨까요? 결국 다양한 커피도 에스프레소로부터 시작하지 않나요?"

"회계는 회사의 건전성을 과거와 현재, 미래까지 보여줄 수 있으니 뿌리가 깊은 바오밥 나무로 말하면 어떨까요?"

"우주선을 발사하기 위해서 필요한 요소, 발사되는 과정을 조직 활성화 요소와 과정으로 비유하면 재미있지 않을까?"

억지로 사물과 강의 핵심을 연결한 것뿐이지만 강의 컨셉과 스토리 때문에 고민 많던 사내 강사들이 싱글벙글해졌다. 어떻게 그렇게 쉽게 컨셉과 스토리가 만들어지는지 물어보는 강사들이 많다. 내 대답은 심플하다.

"세상 모든 것은 연결되어 있어요. 한두 개라도 비슷한 게 있을 테니 그걸 찾아서 그냥 툭 연결해 보면 됩니다."

04 화성에서 온 강사
금성에서 온 청중
지구에서 사는 법

컨셉을 부르는 내 안의 지니와 친구하기

본 챕터의 제목은 〈화성에서 온 남자, 금성에서 온 여자〉와 〈네 안의 거인을 깨워라〉라는 도서 제목에서 슬쩍 빌려온 것입니다. 거인은 지니로 바꿨고, 지니는 뭐 아시다시피 알라딘의 그 녀석이죠. 이렇게 컨셉을 시작할 때는 빌려다 쓰면 됩니다.

부담 없이 툭툭 연결해보고, 쓰고 그려보아야 합니다. 그중 궁합이 맞는 녀석들을 내 것으로 만들면 되죠.

붙이고 자르기

〈화성에서 온 남자 금성에서 온 여자〉는 어디까지 빌려올 수 있을까요? 참고로 화성과 금성은 멀리 떨어져 있는 게 아니라 지구를 서로 마주 보고 있습니다. 즉 문제를 서로 다르게 보고 있다는 책 내용과 일치하죠. 컨셉 속성을 빌릴 때는 그 내용을 충분히 알고 있어야 이야기가 풍부해집니다.

화성에서 온 사장
금성에서 온 알바

화성에서 온 팀장
금성에서 온 인턴

화성에서 온 개발자
금성에서 온 투자자

보험사에서 '금융 재테크' 강의가 있습니다. 그러면 열의 아홉은 '금융 재테크의 이해'라는 제목이 붙습니다. 정말이지 강사들이 '이해'라는 단어를 자주 쓰는 것을 이해할 수 없는데 그건 컨셉 없이 의미 없이 목표가 너무 낮은 강의로 보이잖아요.

- 금융 재테크?
- 딱 3개만 알아 두세요~
- 그럼 팩트 체크 들어가요~

*3의 마법, 키워드 풀어내기, 팩트 체크를 조합한 컨셉

내가 먼저 감동한

컨셉 소스를 빌려올 때는 최근 본 영화, 그 속의 명대사, 소설 속 주인공이 날린 인생 문구, 애니메이션의 가슴 철렁 메시지부터 좋아하는 음악, 시, 그림, 작가…. 모두 가능합니다. 단 반드시 스스로 놀라고 눈물 흘리고 영감을 받은 것들이어야 합니다.

'셀프 리더십' 강사에게 건네준 아이디어는 영화 OST 속 문구였습니다. 다만 영화를 못 본 교육생을 위해서 잠깐의 설명과 함께 음악을 직접 들려주는 것도 잊지 말라고 당부했죠.

*영화 〈위대한 쇼맨〉OST 'This is me'를 빌려온 셀프 리더십 강의

영화 〈스파이더맨〉이 한참 인기를 누리고 있을 때 대리점 개설 강의에 대한 아이디어를 나눴습니다. 강사가 하고 싶은 단어 3개를 뽑은 후 다시 재미있는 표현으로 바꾸고 싶어 했죠. 갑자기 하늘에서 스파이더맨이 나타나더니 쓱 써주고 가버렸습니다.

- 더 철저하게
- 더 체계적으로
- 넓혀 나가라!

*대리점 개설 교육의 키워드를 그 당시 영화 컨셉과 연결한 경우

개그맨들은 렌트왕

빌리는 것에도 자격증이 있다면 개그맨들에게 수여해야 합니다. 생활 속 작은 것까지 놓치지 않는 2만 개의 촉수를 지녔으니까요. 저도 동네 기(氣) 치료 한의원의 간판 문구에서 아이디어를 얻어 프레젠테이션 강의에 사용한 적이 있습니다. 늦었지만 감사 인사를 드려야겠어요.

'통(通)하면 아프지 않습니다!'

도서 중에 〈000 천재가 된 홍 대리〉 시리즈가 있죠. 이 녀석은 뭔가 '열심히 배우면 나도 혹시 천재?'라는 희망 고문을 주고 있어서 빌려오기 좋은 소재입니다. 사실 뭘 붙여도 다 말이 된다는….

디젤 엔진 메커니즘의 천재가 된 김 대리~

제목이 다소 긴 〈은하수를 여행하는 히치하이커를 위한 안내서〉라는 콘텐츠가 있습니다. 라디오 드라마부터 도서, 영화까지 그 유명세를 떨친 녀석이죠. 앞뒤의 단어만 다르게 조합해도 근사한 결과물이 마구 흘러내립니다. 만약 '데이터 분석 추천 플랫폼' 강의를 해야 한다면?

─복잡한 데이터 속에서
새로운 길을 찾기 위한
스마트한 안내서 ─

1. 복잡한 데이터가 버거울 때
2. 너무 많아 길을 잃을 때
3. 이제는 새로운 길을 찾을 때

유행에도 때가 있지

패피(패션피플) 사이에서 가장 핫한 유행은 블랙&화이트라는 설이 있어요. 즉 오랜 시간이 지나도 패션 감각이 사라지지 않는 불변하는 패션 스타일이죠. 강의 컨셉에서도 금방 식어버리는 유행어보다는 오래되어도 진한 맛이 나는 녀석들을 찾아야 합니다. 결국, 많이 듣고 보고 맛보면서 써봐야 하죠.

" 어머, 이건 꼭 들어야 해! "

*아무리 좋았던 유행어들도 그 시대가 지나면 사용하지 않아야 한다.

*브라보 마이 라이프〈봄여름가을겨울〉 노래와 두 번째 서른 살 조합

*어느 신년사의 저글링 이야기는 오래도록 가슴에 남아 있다.

20초만 미쳤다고 생각해

영화 〈우리는 동물원을 샀다〉에 나오는 명대사. 전형성 늪에서 힘들어하고 있다면 20초만 생각 일탈을 시도해 보세요. 동물원처럼 더 놀랍고 신나는 결과들이 눈 앞에 펼쳐지지 않을까요?

내가 읽은 책에서 빌려 오기

*책 제목, 책 주인공 특징, 기승전결, 주인공 명대사, 메시지….

아이들 책 중에는 〈000에서 살아남기〉 시리즈가 있죠. 짧지만, 굉장히 인상이 깊어서 '외국인과 대화에서 살아남기', '주재원으로 살아남기', '유통 치킨게임에서 살아남기' 식으로 붙여서 컨셉과 스토리로 풀어낼 수 있습니다.

내가 본 영화에서 빌려 오기

*영화 제목, 영화 속 명대사, 영화 속 장면, 영화 메시지….

인생은 초콜릿 상자라고

'그래서 검프처럼 해피엔딩일까?'
'내가 알고 있는 속담은 무엇이 있을까?'

스웨덴에 '나쁜 옷차림은 있어도 나쁜 날씨는 없다!'라는 속담이 있다고 하네요. 이 녀석을 어떻게 강의에 써먹을 수 있을까? 전 이렇게 놀고 있죠.

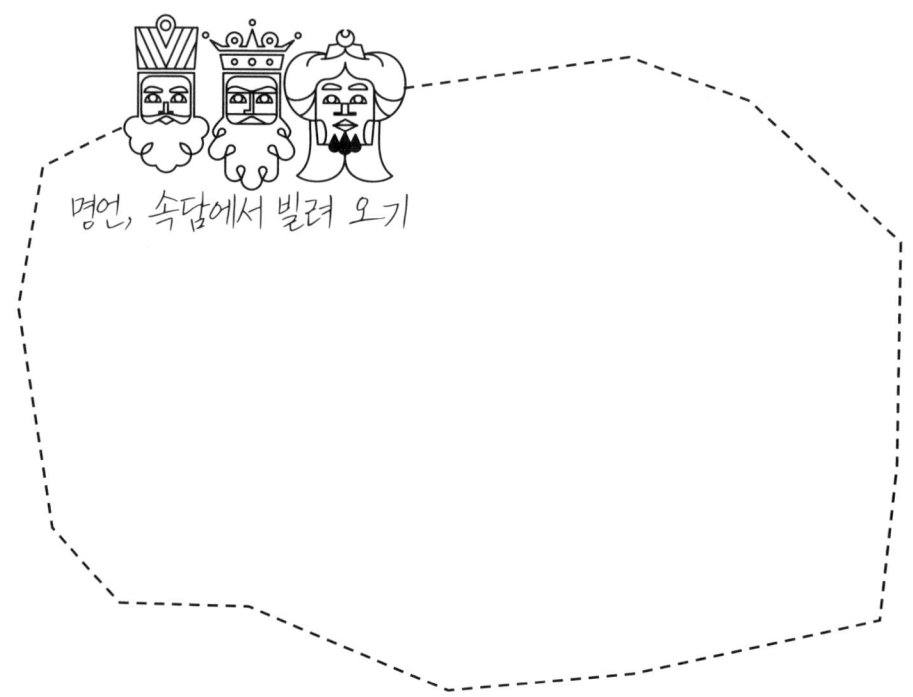

명언, 속담에서 빌려 오기

*사자성어, 속담을 떠올려 보자. 반드시 자신과 연관된 것들로

'마음에 두고 있는 사자성어는 뭐 없을까?'
'내 마음이 울렁거리는 노래 가사말은 뭐였지?'

재료는 넘치는데 생각의 암묵지에서 형식지로 넘어오는 다리가 없을 뿐입니다. 이제라도 열심히 오작교를 놓아야겠지요?

음악과 시에서 빌려 오기

*음악과 시에서 감동받은 문장, 단어…. 내가 느낀 감정까지

05 10점 만점에 10점은 오직 연습뿐

다양한 메타포로 컨셉 착즙하기

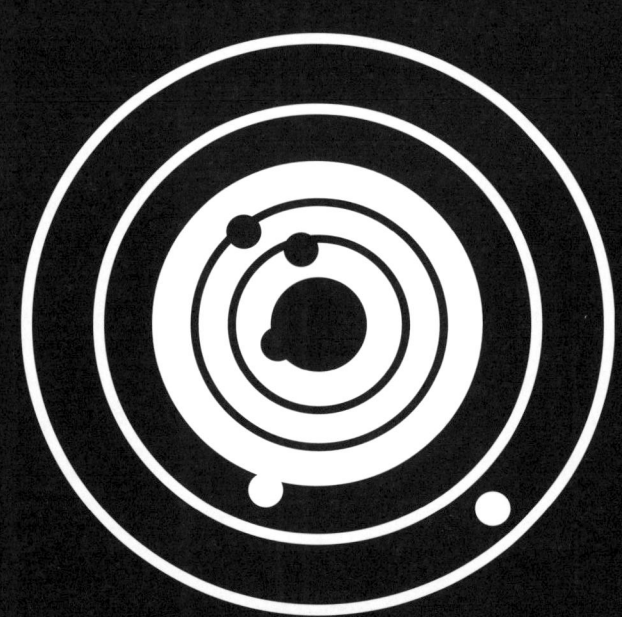

연습은 아무리 강조해도 지나치는 법이 없습니다. 방법은 간단합니다. 제시하는 메타포(상징)의 속성을 충분히 고민한 후 여러분의 강의와 연결하면 됩니다. 제목과 3~5개의 목차를 쓰면 끝입니다.

예를 들어 제시한 메타포 중에서 '타깃'은 어떤 속성이 있을까요? 사격, 점수, 총, 총알, 정확도, 10점, 9점…. 이런 여러 속성 중 강의와 연결할 수 있는 요소를 찾으면 됩니다. 행운을 빌어 볼까요?

고객의 마음에 집중하는 기술
- 보험 상품 세일즈 기법 -

1. 점수 밖 외로운 길
2. 6점, 상대 평가
3. 10점 만점에 10점

Link

Headline :

Contents 01 :
02 :
03 :

Link

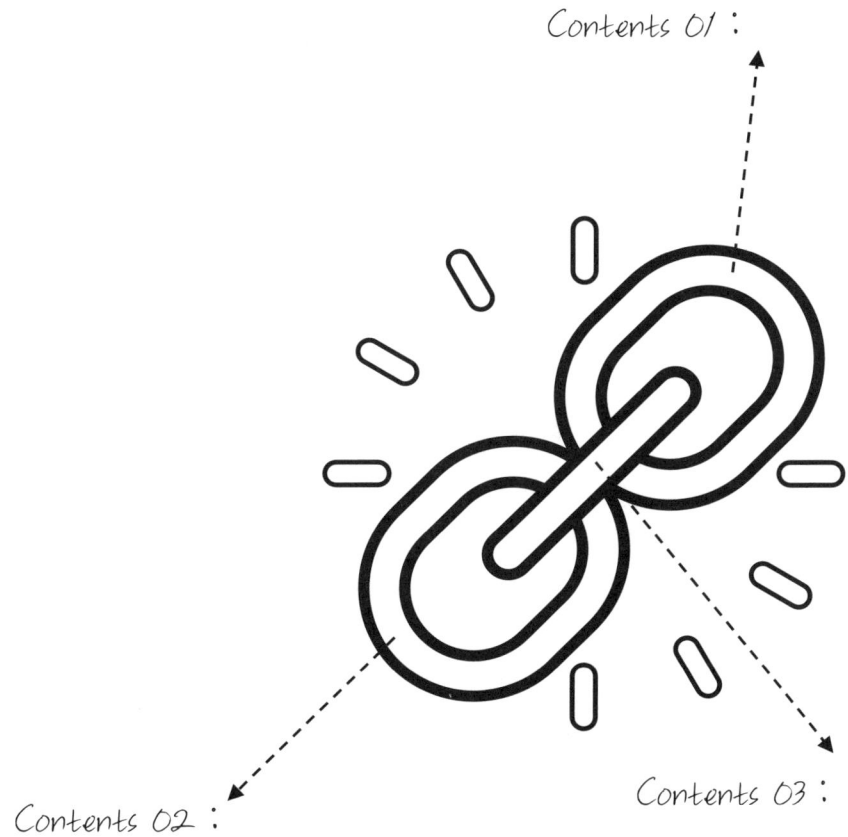

Contents 01 :

Contents 02 :

Contents 03 :

Headline :

Gears

Contents 02:

Contents 03:

Contents 01:

Headline:

Gears

Contents 02:

Contents 03:

Contents 01:

Headline:

Target

Headline :

Target

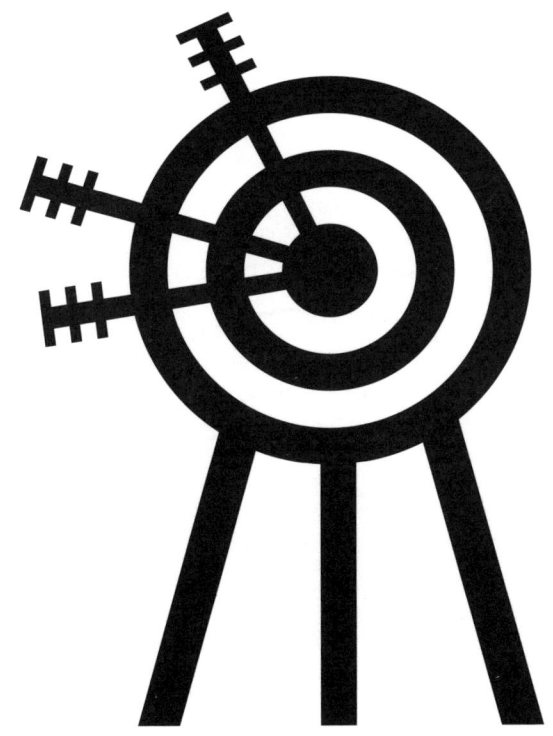

Headline:

Galaxy

Headline:

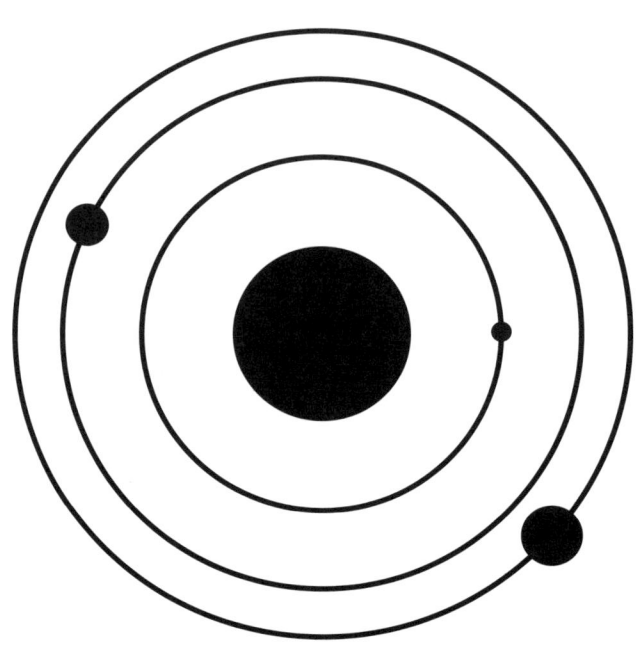

Planet

Headline:

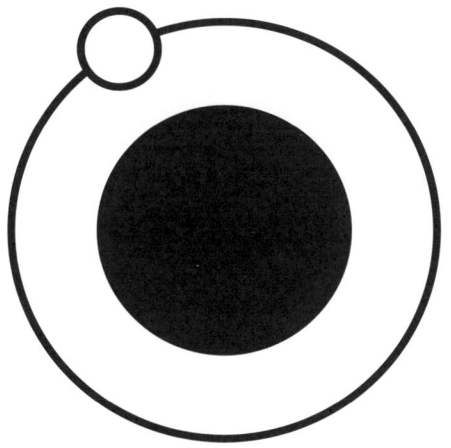

Signal

Headline :

Equalizer

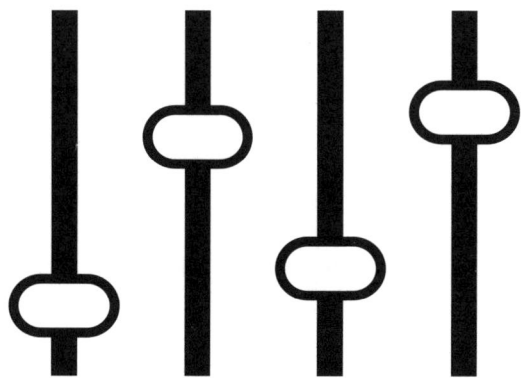

Headline:

Bicycle

Headline :

Teamwork

Headline:

Teamwork

Headline:

Teamwork

Headline:

Collaboration

Headline:

Collaboration

Headline :

Fan

Headline :

Fan

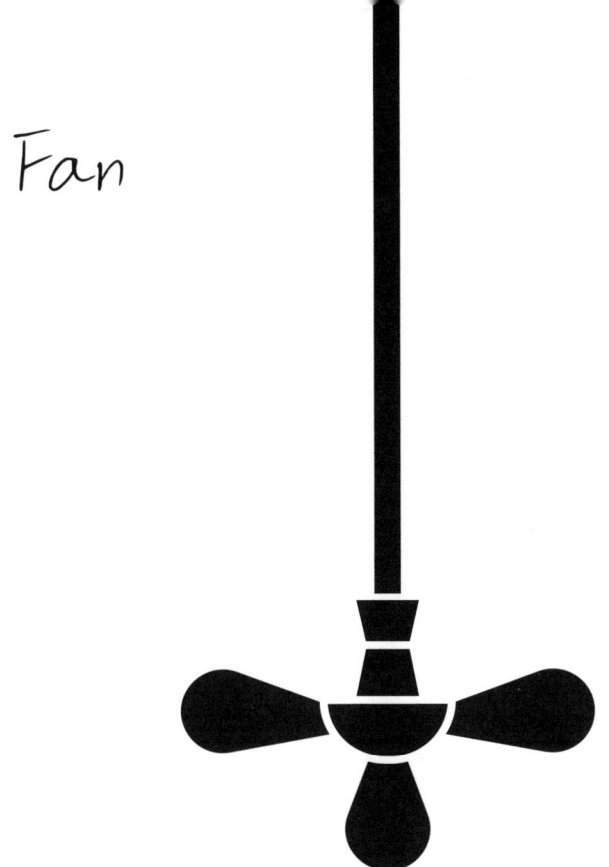

Headline:

Puzzle Piece

Headline :

Puzzle

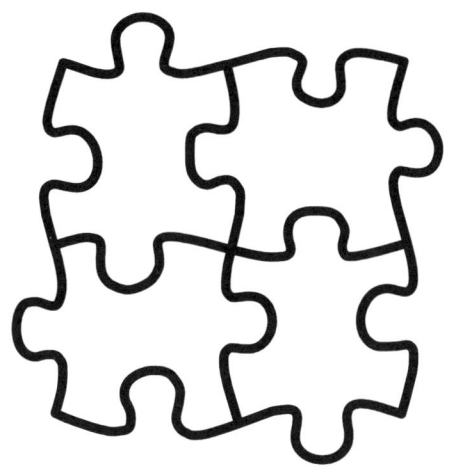

Headline:

Flow

Headline:

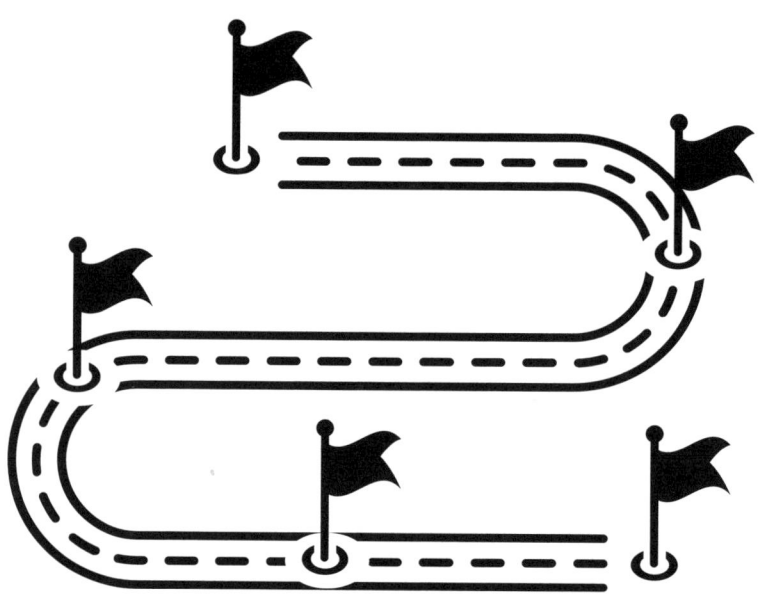

Milestone

Headline :

Ladder

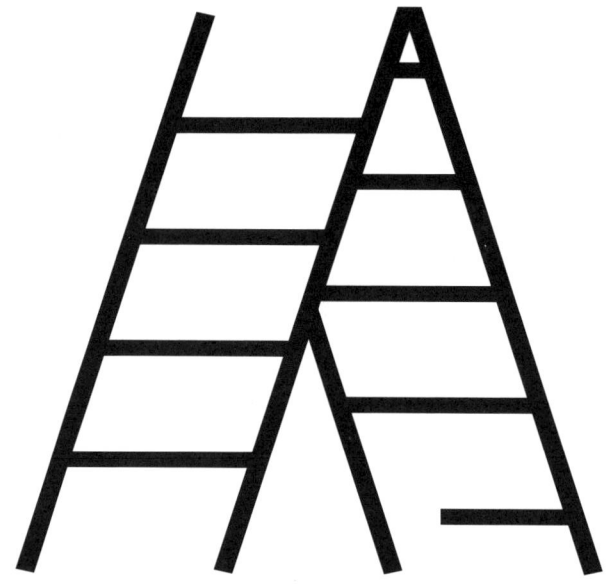

Headline :

Ladder

Headline:

Hexagon

Headline:

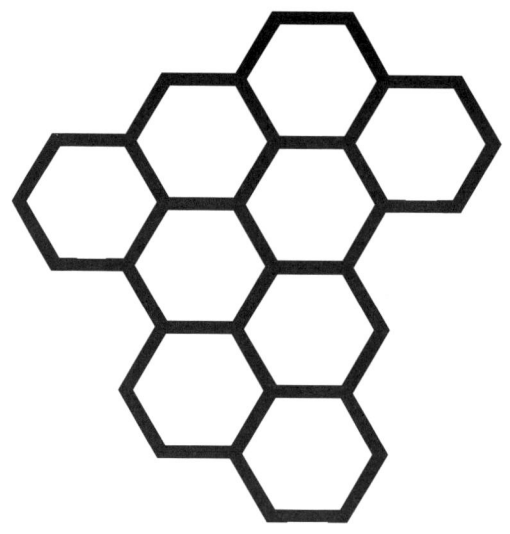

Honeycomb

Headline:

Block

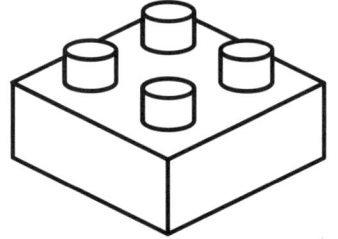

Headline:

Module

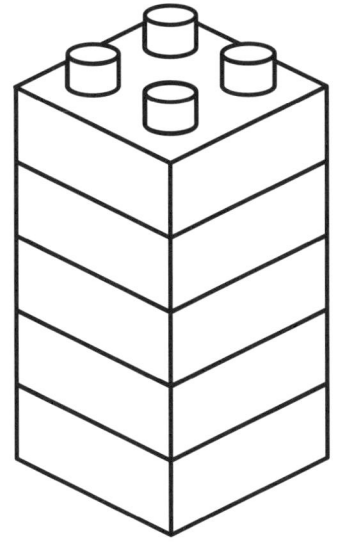

Headline:

좋은 사이트는 혼자 감춰 두고 있죠?

"설마 그럴 리 있나요. 저도 3~4개 정도만 사용해요."

교안 작성 시간. 강의안 작성에 도움을 받을 수 있는 사이트를 알려주면 많은 강사가 비슷한 질문을 던지곤 한다. 그러니까 나 혼자 몰래 좋은 사이트를 숨겨놓고 사용하고 있는 것 아니냐는 눈치다. 진짜 아닌데 100% 다 알려줘도 그 의심스러운 눈초리는 강의가 끝날 때까지 사라지지 않는다.

"제가 만든 강의안이랑 너무 달라 보이는데요."

뭐 사람이 다르고 생각도 다르니 그럴 수 있지 않을까? 그 다름의 핵심은 컨셉의 힘이다. 앞에서 봤던 '퍼포먼스 리더십' 강의 슬라이드에 사용된 민들레 홀씨는 www.pexels.com에서 무료로 다운받아 사용할 수 있는 이미지였다.

Episode 12

*저작권 무료 이미지 사이트 www.pexels.com

하지만 민들레 홀씨의 의미를 알고 무료 이미지 사이트를 접속하더라도 스스로 컨셉을 생각하지 못하면 이미지를 사용할 수 없다. 결국, 유용한 사이트를 많이 알고 있다고 강의안을 새롭고 다르게 만들 수 있는 게 아니라, 생각의 끝에서 강의 핵심을 찾고 컨셉을 뽑아내야만 한다. 사이트들은 강사의 손과 발이 되어 도와주는 임무를 수행할 뿐 그 이상도 이하도 아니다.

06 여전히 스토리는 힘이 세다

처음부터 끝까지 하나로 잇는 스토리 구상

"주인공과 조연이 악당을 물리치는 것을 상상하거나 권선징악 구조로 히어로가 세상을 구하는 것만 생각하지 않으면 됩니다."

강의 스토리텔링 교육에서 어느 강사의 질문에 답변한 내용입니다. 말 그대로 스토리를 너무 크게 생각하지 말고 자신의 강의를 끌고 가는 흐름, 줄기, 얼개 정도로 여기라는 당부였죠.

꼬리에 꼬리를 무는

'고객 서비스(CS) 고도화 방안'이라는 3시간 강의를 해야 한다고 상상해 보세요. 그러면 역시나 1차 연상을 떠올리게 되어 표지 슬라이드에는 서비스 센터 직원, 통화 모습, 고객을 떠받드는 모습, 상담 데스크 같은 이미지들로 가득 채워질 것입니다. 만약 늘 보던 것이라서 답답하다면 교육생의 상태와 니즈, 실체화를 통해 힌트를 얻어야 합니다.

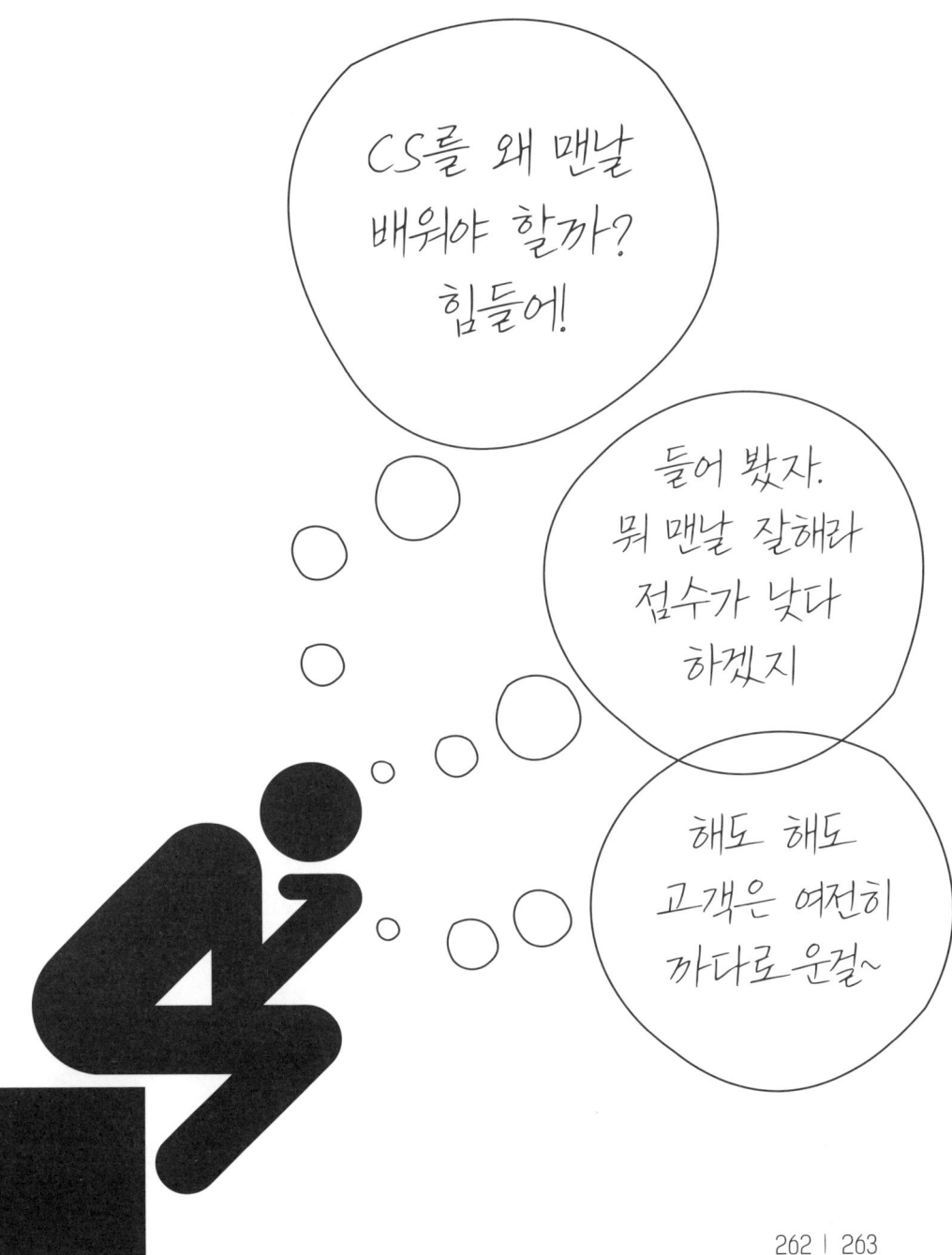

- CS를 왜 맨날 배워야 할까?

- 들어 봤자. 잔소리, 뭐 결국 잘해라.

- 고객은 여전히 까다로운걸~

실마리를 찾기 위해서 교육생의 질문이나 혼잣말을 그대로 적어보고 답변을 하듯이 이미지 연상을 해보았더니 결국 CS란 '어렵지만 해내야 하는 것'이라는 결과를 얻게 되었습니다. 그래서 컨셉으로는 가장 의미가 맞는 CS 마라톤, 스토리는 마라톤을 3개 정도로 줄거리를 짜면 될 것 같습니다.

맨날 해야 하는 것? 공부, 직업, 힘든, 노동?

이겨야 하는 것? 1등, 경쟁, 수상, 스포츠?

오래 걸리고 힘든 것? 인생, 성취, 마라톤?

1. CS란 끝없이 노력해야 하는 것
2. CS란 오래 걸리는 것
3. CS란 마라톤 같은 것

마라톤이라는 컨셉을 이야기로 끌고 가려면 줄거리 거점이 필요한데 이때는 3개 정도로 하고 구조는 당연한 것보다 약간 낯선 흐름으로 만들어서 매력 지수가 올라가도록 합니다.

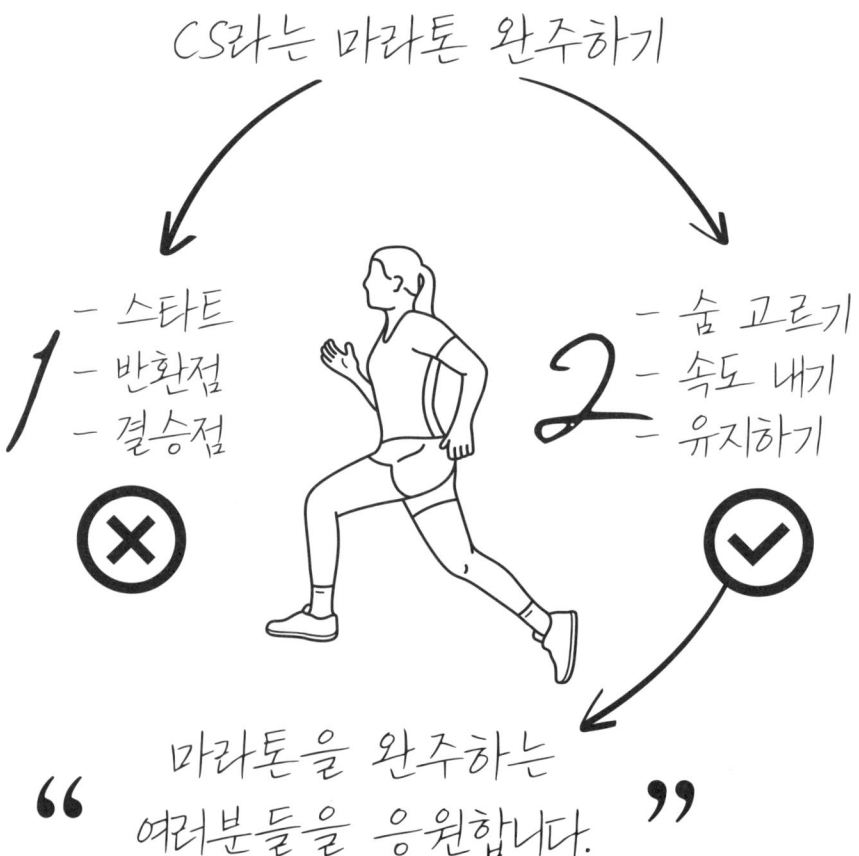

*실제 컨셉을 적용한 강의 표지 슬라이드

*실제 스토리를 적용한 강의 목차 슬라이드

더 분발하라는 강의는 강하게 해야 하죠?

"OO본부 CS 평가 원인 분석 및 역량 고도화 방안"

도와 달라고 내민 김 부장님의 강의는 1년 동안 고객 서비스(CS)를 실시하고 평가 점수가 가장 낮은 지역에 가서 잘못을 분석하고 내년에는 분발하라는 의미로 해석되었다.

크리스마스를 앞두고 눈이 펑펑 오는 날, '평가', '분석', '역량', '고도화'라는 제목으로 시작하는 김 부장님의 3시간 강의는 고객서비스 센터 직원들에게 어떤 의미로 다가갈까?

강의하기 위해 컨셉과 스토리를 만들 때는 상대의 상태를 먼저 헤아리는 것은 중요하다. 전달할 사실과 DATA에만 집중하면 청중이라는 양 떼는 강사의 울타리에 절대 들어가지 않는 법이니까.

Episode 13

"부장님, CS가 왜 그렇게 어려울까요?"
"저도 25년 했는데 어렵네요. CS를 잘한다는 것은 오래 걸리는 싸움에서 이기는 거죠."

부장님의 답변에서 힌트가 번뜩였다. 정말로 '오래 걸리는 싸움'은 무엇일까? 인생, 부부 싸움, 철인 3종 경기, 마라톤, 다이어트, 집 마련…. 그중에서 노력이라는 의미가 잘 어울리는 마라톤을 강의 컨셉과 스토리로 풀었다.

'CS가 어려운 것은 마라톤을 완주하는 것과 같기 때문입니다.'

점수가 낮아 주눅 들어 있는 친구들에게 꾸중보다는 위로를, 잣대보다는 그 이유에 관해 이야기를 해주는 강의가 필요했다. 눈이 펑펑 오는 날 강의를 마친 김 부장님은 호흡이 긴 감사 메시지를 내게 보내왔다. 나도 뭘 보내야 할 것 같아 통장 번호를 보냈다. 농담이다.

다 알아요 VS 똑같잖아요

직무 교육 중에는 열심히 가르치고 몇 번이고 배웠는데도 그 효과가 낮을 수가 있죠. 대표적으로 보고서 작성과 관련된 교육이 있는데 가르치는 사람도 듣는 사람도 쉽지 않은 시간이 됩니다.

특이하게 보고서 작성법의 표지의 제목과 슬라이드는 거의 비슷합니다. 1차 연상 이미지 위에 딱딱한 제목 그대로 쓴 후 입체와 그림자 효과로 잔뜩 멋을 부린 것들이죠. 그렇다면 앞서 배운 것처럼 보고서 작성 현장 속의 이슈를 찾아야 하겠죠?

*기존의 보고서 작성법 표지 슬라이드

목표를 좀 높이 잡아 볼까요? 새로운 제목으로 반드시 교육이 듣고 싶어지도록 말이죠. 목표 달성을 위해서는 교육생, 즉 임직원들이 지닌 애환을 귀담아 듣고 실제 보고 현장을 꼼꼼히 살펴야 합니다. 전형에서 벗어나 다른 관점으로 보고 아이디어를 작성해 봅니다.

✓ 오타는 왜 이렇게 많아

✓ 그래서 할 말이 뭔 데?

✓ 시키는 대로 했나?

✓ 지금주면 어떡하라고?

✓ 예전 보고서와 뭐가 달라?

- ✓ 아니, 어제 주고 오늘 달라고?
- ✓ 밤새워도 진도가 안 나가네~
- ✓ 뭘 해도 오타는 나오잖아?
- ✓ 그러면 본인이 쓰시던가~

- ✓ 여긴 두괄식으로 써야 해.
- ✓ AS-IS, TO-BE 구조라니까.
- ✓ MECE 기법으로 중복을 피해야지.
- ✓ 프레임워크가 틀렸잖아.
- ✓ KSF를 먼저 제시하라니까!

" 대단하세요. 부장님~ "

" 괜찮습니다. 부장님~ "

" 거의 다 되어갑니다. "

" 모두들 좋은 아침 ~ "

아이디어가 떠오르지 않다가 한순간 와르르 밀려옵니다. 보고서 작성법의 작명도 마찬가지였는데 희망의 실마리는 바로 '직장인 거짓말 베스트 5'.

컨셉은 '보고서에 담긴 거짓말', 스토리는 거짓말을 하나씩 꺼내서 제시하고 강의에서는 문제를 해결하는 방법을 알려주는 것으로 완성. 그 결과 보고서 작성법은 많은 분이 함께 울고 웃었던 시간이 묻어 있는 강의가 되었다는 전설이 되었습니다.

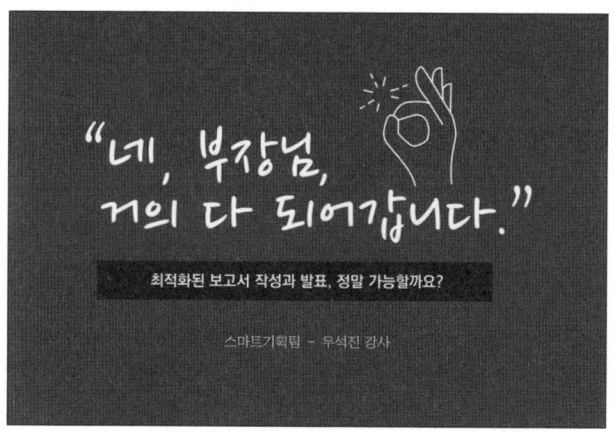

*직장인의 애환을 담은 강의 제목과 표지 슬라이드

07 스토리를 잡으려면 스토리 굴로 들어가라

겨울이 없는 나만의 스토리 왕국 만들기

ST

새롭게 정의한 컨셉을 만든 후 그 속성만으로 강의 목차를 구성해도 좋지만, 강의 처음부터 끝까지 흐르는 이야기를 만들면 더 신명 나는 강의, 기억되는 강의로 놀랍게 변신할 수 있습니다.

주어진 스토리형 메타포(상징)를 분석한 후 전체 구조를 그려보고 시간의 흐름대로 줄거리를 만들어보세요. 직접 그리고 써봐야 합니다. 용맹한 스토리는 쉽게 잡을 수 있는 녀석이 아니거든요.

Tree

Headline :

Growth

Headline:

Tree

Headline :

Forest

Headline:

Traffic

Headline:

Danger & safety

Headline:

Superheros

Headline:

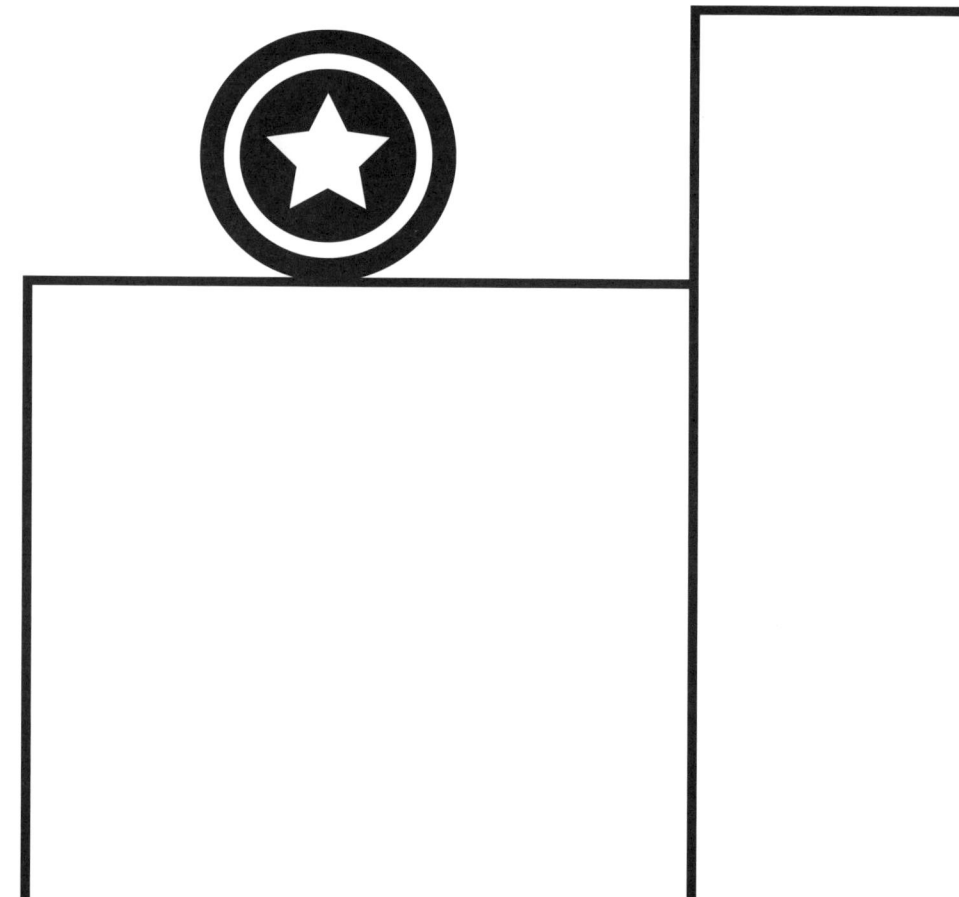

Four Seasons

Headline:

Summer

Autumn

Evolution

Headline:

Climb

Headline :

Hard work

Headline:

Surfing

Headline:

Mountain

Headline:

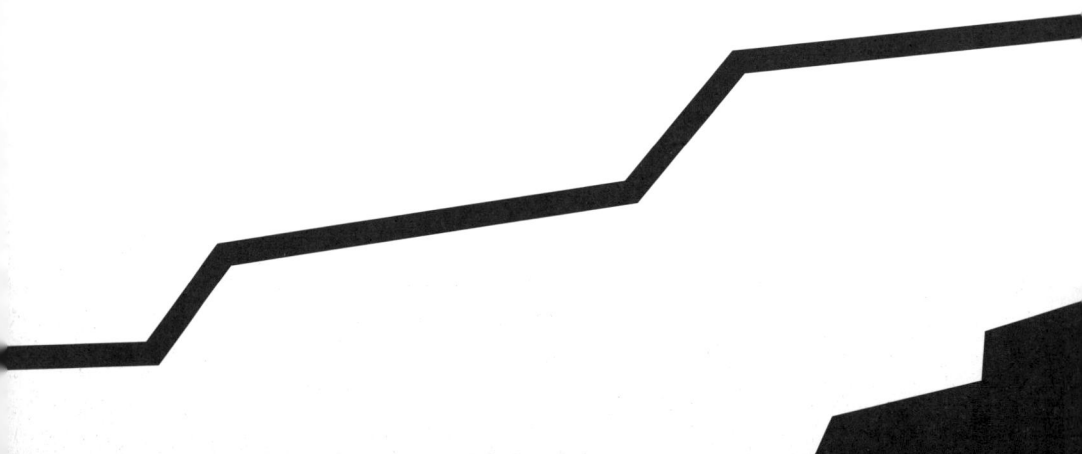

Iceberg

Headline:

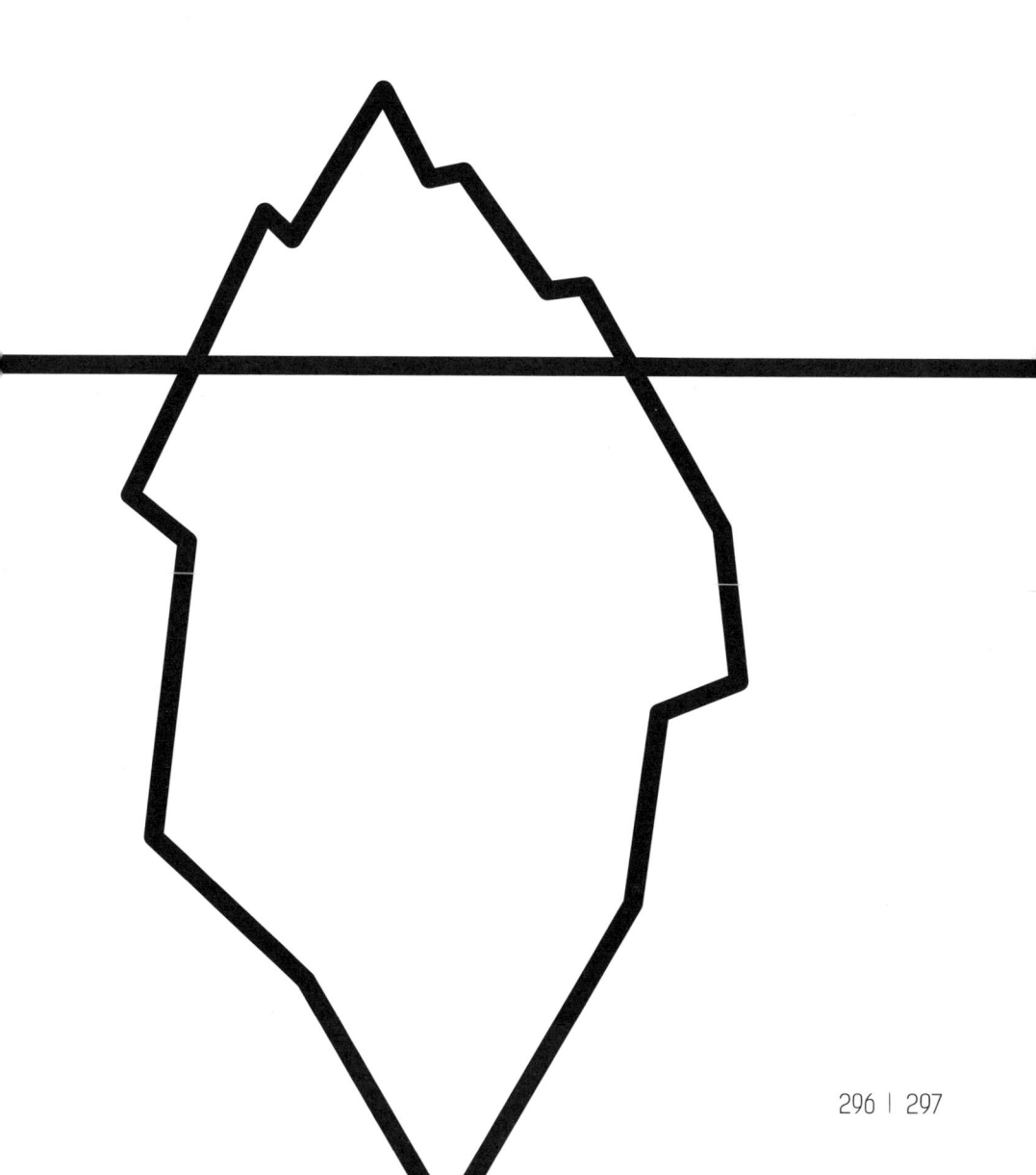

Tetris

Headline:

Present

Headline:

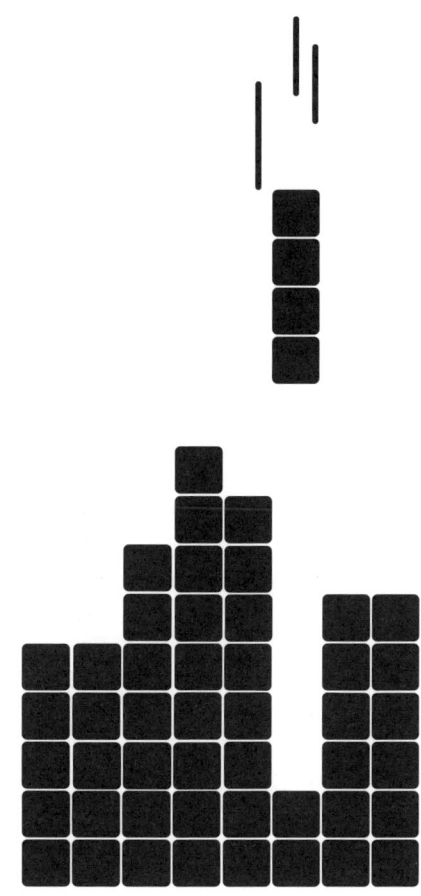

Scale

Headline :

Balance

Headline:

Weather

Headline :

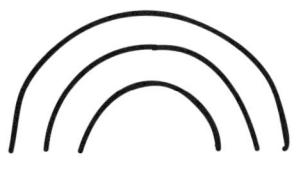

Arithmetic

Headline:

Hurdling

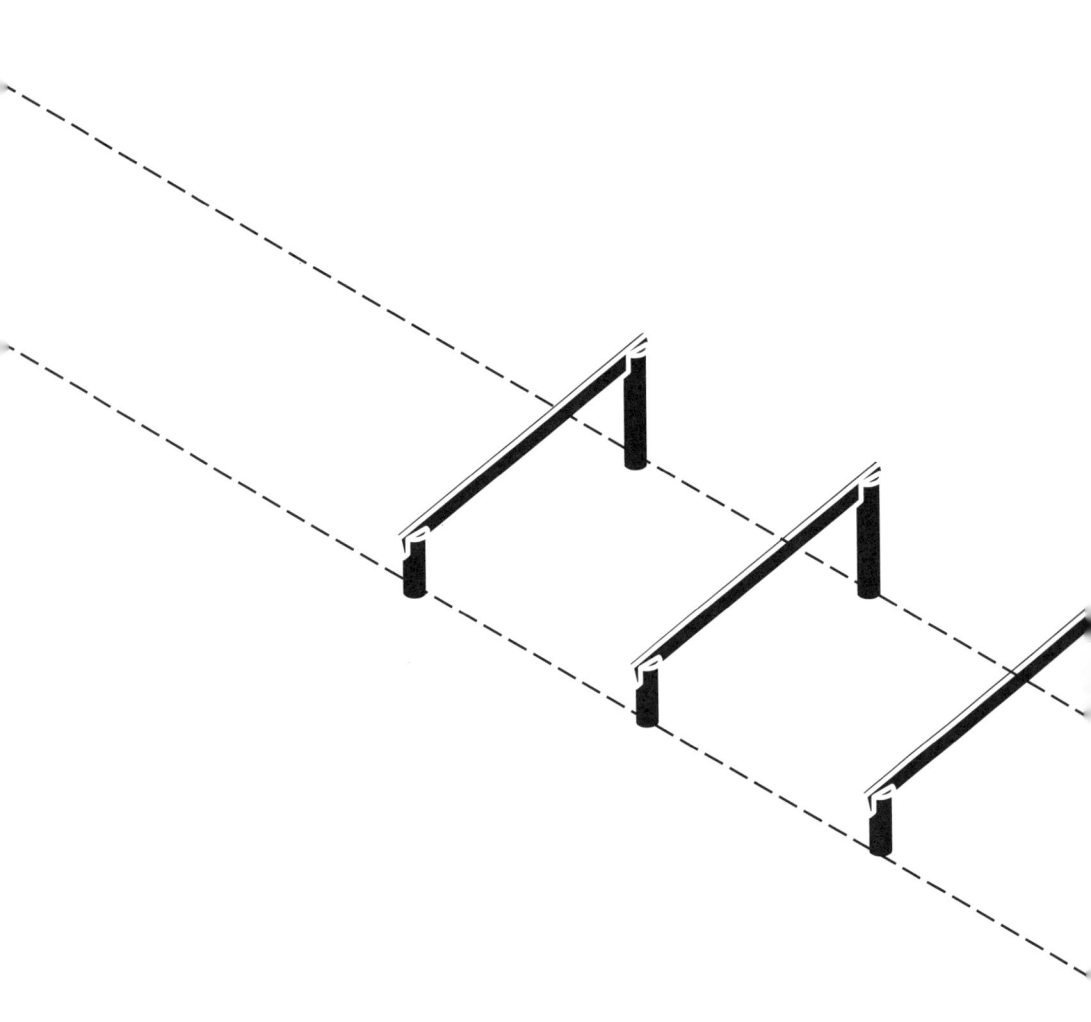

Headline:

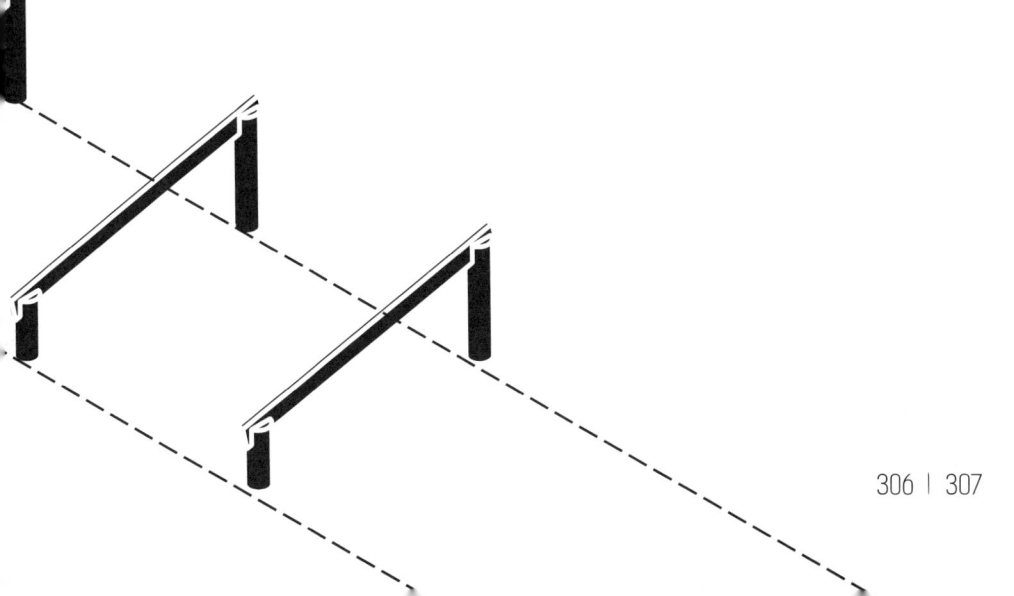

Hurdling

Headline:

Challenge & Success

Headline:

1, 2층 500명의 청중이 기다리고 있습니다.

"2층 손 한번 들어주세요."

많은 청중이 뿜어대는 분위기에 압도되어 강의안만 바라보다가는 강의 못하는 사람으로 취급되는 건 시간문제다. 이때는 구석구석 참여를 유도해야 한다. 특히 2층은 소외되고 싶은, 또는 쉽게 소외되는 곳이다.

"저를 기준으로 좌측 팀, 우측 팀, 2층 팀으로 할게요."

더 재미있게 강의를 진행하려면 3의 마법을 사용해서 팀 대항으로 구조를 짜는 것도 현명한 방법이다. 질문에 대한 답을 팀에서 하나씩 나오도록 하면 서로 부담이 없게 된다.

Episode 14

"이번에는 좌측 팀만, 좋습니다. 다음은 2층만…."

우리까지 신경을 쓰는 것 같으면 왠지 기분이 좋아지고 강의에 참여할 의지가 생기기 마련이다. 강사가 긴장하면 청중들이 보이지 않는다. 그러니 처음부터 청중과 호흡한다는 생각으로 접근하면 긴장도 강의도 부드럽게 풀린다.

"한 번 직접 여러분 결과를 확인해 볼까요?"

가수가 객석에서 나오거나 들어가는 것은 함께 하겠다는 의지와 함께 모두의 호응을 끌어내기 위한 전략이다. 다만 아무 이유 없이 청중 속으로 들어가는 것은 위험하다. 문제를 내고 그 문제를 어떻게 풀었는지를 함께 공유할 때 매력적이다.

뮤지컬 〈캣츠〉는 주인공 고양이들이 어두운 객석에서 슬며시 나타나면서 시작된다. 짜릿한 스릴과 함께 공연을 함께한다는 기쁨을 선사하는 대목이다.

PART 04

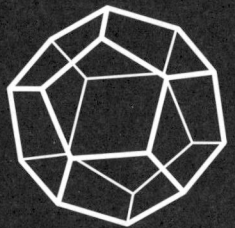

작성
디자인

가성비

전지적 관점에서의 효율은
한 번 작성해 놓은 강의로
매번 똑같이 하지 않고
매번 전력을 다해
다르게 강의하는 것이다.

강의는 어제 다르고
오늘 다르고
내일 달라야 한다

01 잭~
콩나무 줄기는 큰 녀석을 잡아!

프로토타입으로 강의 전체 그리기

이미지 트레이닝 작가가 냅킨에 아이디어 메모를 한다고 하길래 실제 해보았더니 모두 번져서 엉망이 되었습니다. 번지지 않으려면 빠르고 크게 그려야겠네요. 이중섭 화백은 담뱃갑 은박지를 펴서 철필로 그림을 그렸다고 하니 종이의 재질은 큰 문제가 되지 않나 봅니다. 생각한 결과물과 영감이 더 중요한 거니까요.

강의도 그림이라면 먼저 '캔버스에 어떻게 그릴 것인가?'라는 대략의 스케치가 필요합니다. 얼개를 크게 엮어서 흐름이 먼저 보여주어야 하죠. 잭이 끝까지 잘 올라가려면 큰 콩나무 줄기를 잘 타야 하는 것처럼요.

첩사진을 부탁해요

"어떤 집을 짓고 싶으세요?"
"전기 콘센트가 30개 있어야 하고, 타일은 이태리산 터콰이즈 컬러에 헤링본 패턴이 좋겠고요. 온실도 5평 정도는 있어야겠죠?"

짓고 싶은 집에 관해 묻는 건축업자에게 욕실의 세세한 타일부터 말한다면 어떻게 될까요? 땅이 몇 평인지, 건폐율은 얼마인지, 몇 층인지, 남향인지, 다세대인지, 벽돌집인지, 방은 몇 개인지 큰 것부터 우선 말해야 하지 않을까요?

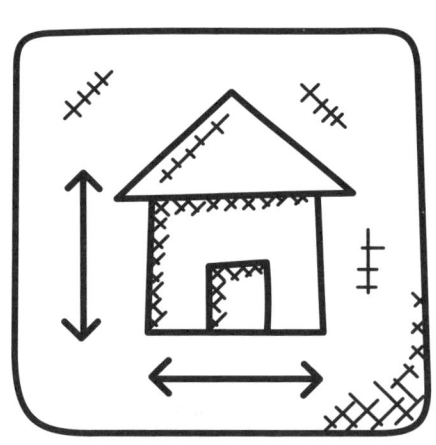

Blue Paper

강의 스토리도 큰 그림을 먼저 그려 놓고 그 줄거리에 따라 세부 항목을 붙여 나갑니다. 마치 물고기의 뼈대를 먼저 그리고 그 위에 살을 붙이는 것과 같습니다. 그래서 이런 논리의 흐름 구조를 피쉬본이라고도 하는데 그러고 보니 헤링본도 '청어의 뼈'라는 뜻에서 유래된 'V'자 형태의 패턴을 말하는 것이네요.

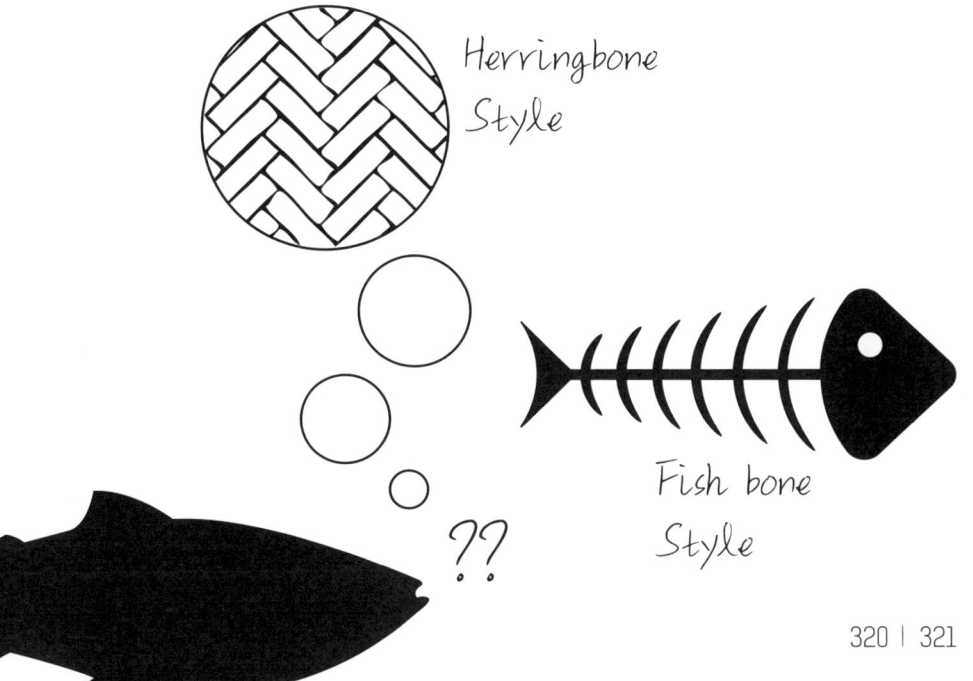

스토리의 힘이 강해지려면 강의 준비 단계의 도출된 메시지로부터 컨셉 - 스토리 - 제목 - 목차까지 자연스러운 흐름을 유지해야 합니다. 만약 스토리를 적용하기 어려운 강의라면 추출된 컨셉의 속성으로 얼개를 짜는 것도 좋은 방법입니다. 예를 들어 간단히 골든 서클의 Why - How - What을 연결하면 뚝딱 만들어지죠.

Why - How - What

*처음 사용사를 위한 기술 강의 표지 슬라이드

*골든 서클 3요소를 적용한 목차 슬라이드

포스트잇과 슬라이드 보기

강의 얼개를 그릴 때는 포스트잇이 효과적입니다. 냅킨에 그리는 것처럼 핵심만 빠르게 쓰고 드로잉이 가능한 포스트잇은 순서를 바꾸거나 삭제하고 추가하기 쉬워서 기획 작업에 유리합니다.

디지털로 작업하고 싶다면 파워포인트에서 제목 슬라이드로만 12~15개를 만들고 '여러 슬라이드 보기'에서도 제목이 보일 정도로 크게 작성하면 됩니다. 이때 전체 흐름이 한눈에 보일 수 있어야 하는데 그래야 포스트잇처럼 순서를 조정할 수 있거든요. 한 번 연습해 볼까요?

"전체 슬라이드와 제목만으로
줄거리를 말해 보세요."

*파워포인트에서 만든 강의 프로토타입(여러 슬라이드 보기)

Prototype
Title 01 - CS라는 마라톤 완주하기

01

Part 01

숨 고르기

고객이 원하는 것은?

01-01

02

Part 02

속도 내기

우리가 바라보는 방향은?

02-01

03

Part 03

유지하기

변화를 실천하는 방법은?

03-01

Title 02 - 서울 본부 CS 역량 고도화

Prototype

Title 01 - CS라는 마라톤 완주하기

01
Part 01
숨 고르기
고객이 원하는 것은?

고객 평가 리뷰

02
Part 02
속도 내기
우리가 바라보는 방향은?

CS 장기 레이스

03
Part 03
유지하기
변화를 실천하는 방법은?

선진 사례 분석

Title 02 - 서울 본부 CS 역량 고도화

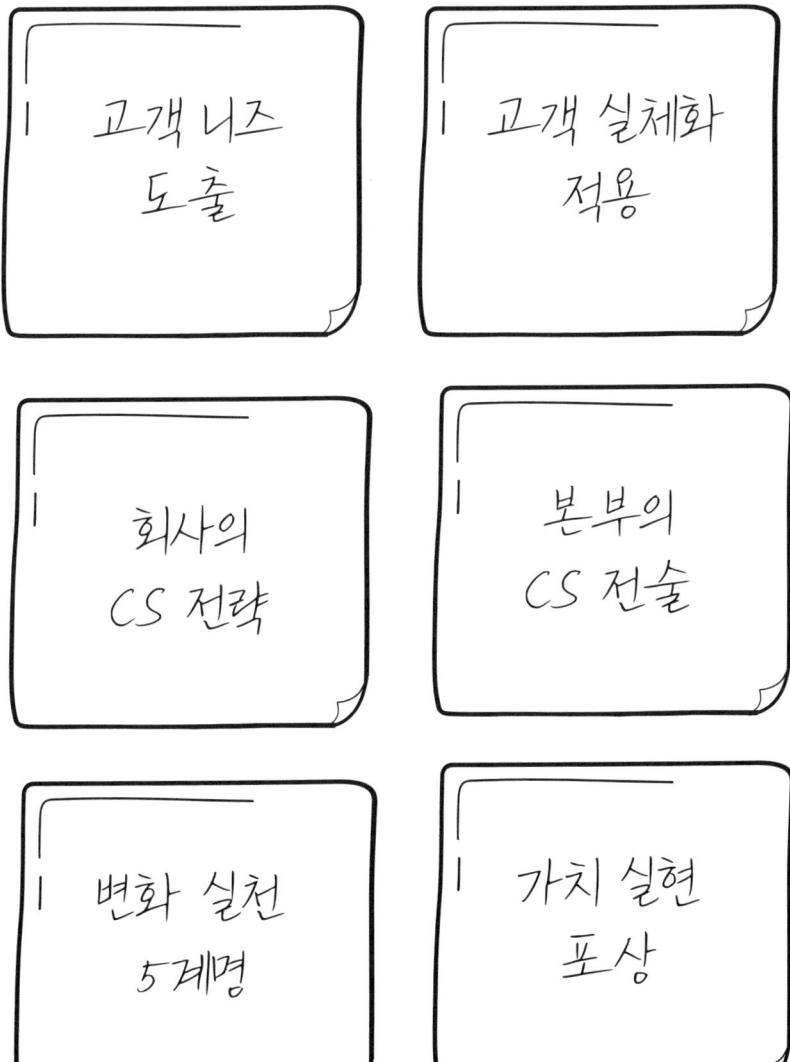

Prototype

Title 01 -

Title 02 -

Prototype

Title 01 -

Title 02 -

02 착한 양도 틈만 나면 우리를 탈출하지

오프닝으로 교육생 내 편으로 끌어 안기

"강의에서 가장 어려운 순간은 언제인가요?"
"역시나 강의 시작 3분 정도죠."
"왜요? 그 이유가 있을까요?"
"그때 양들은 우리 탈출 계획을 세우거든요."

일명 '내 우리에 양 가두기' 전략입니다. 전략이라고 해서 강사가 교육생을 교묘히 유인한다는 뜻은 아닙니다. 따뜻한 말 몇 마디가, 또는 핵심을 찌르는 새로운 정의와 가설이 시큰둥해 있던 상대방을 내 편, 내 가족으로 만드는 시간을 말합니다. 가장 중요하지만 가장 어려운 그 시간을 우리는 오프닝이라고 부르고 있죠.

Warming 해주세요

바리스타 시험 평가 기준에는 커피 추출 전에 반드시 커피잔을 예열해야 항목이 포함되어 있습니다. 즉 컵의 온도를 커피의 온도와 일정하게 맞춰 향과 맛을 유지할 수 있도록 하는 과정입니다.

강의도 예열(Warming)이 필요하다면 강의 시작 직후의 시간일 겁니다. 강의장에 모인 청중은 한마음 한뜻이 아닐 수 있으므로 모두 비슷한 체온을 유지하기 위한 과정이 필요합니다. 그렇다고 레크리에이션을 하거나 웃긴 팀 대항 아이스브레이킹을 진행해야 한다는 뜻이 아닙니다. 그런 방법들은 일시적인 효과일 뿐 강의에 몰입하게 만드는 힘은 약하니까요.

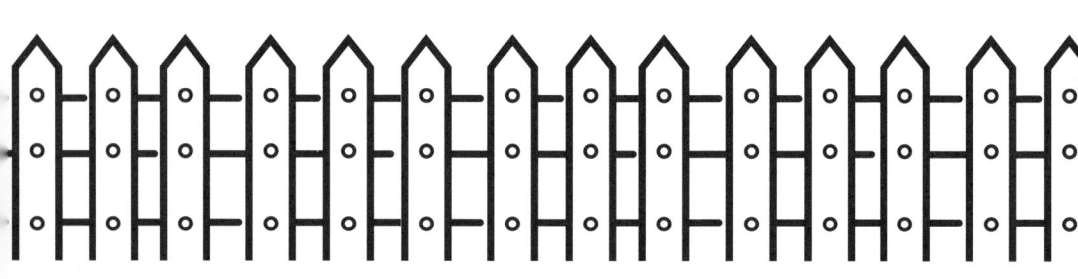

멋진 동영상도 강의의 핵심을 관통하지 않으면 위험합니다. 오히려 강사의 실력이 낮아 보이거나 가십거리로 전락해 버릴 수도 있으니까요. 가장 좋은 방법은 앞서 배운 것처럼 강사가 생각하는 새로운 정의(컨셉)와 스토리를 확장해서 오프닝과 엔딩을 완성하는 것입니다. 그 결과 강의 제목 – 컨셉 – 스토리 – 오프닝 – 목차 – 엔딩이 자연스럽게 연결되어 하나의 작품으로 탄생합니다.

빅데이터 기술 관련 강의라면 시작하자마자 빅데이터가 무엇이고 어떤 특징이 있는지 열거하면 어린 양은 100% 우리를 탈출하려고 애쓸 겁니다. 그 대신 빅데이터의 변천사, 현재 세계 기업들의 흐름을 보여주거나 새로운 빅데이터의 정의를 컨셉으로 보여주면 깊은 인상을 남기게 됩니다. 만약 저라면 낙타와 바늘구멍을 비유해서 오프닝을 만들겠습니다. 빅데이터 기술의 미래로 가는 길은 어렵지만 놀라운 결과들이 기다리고 있으니까요.

*빅데이터 기술에 관련된 강의 표지 슬라이드

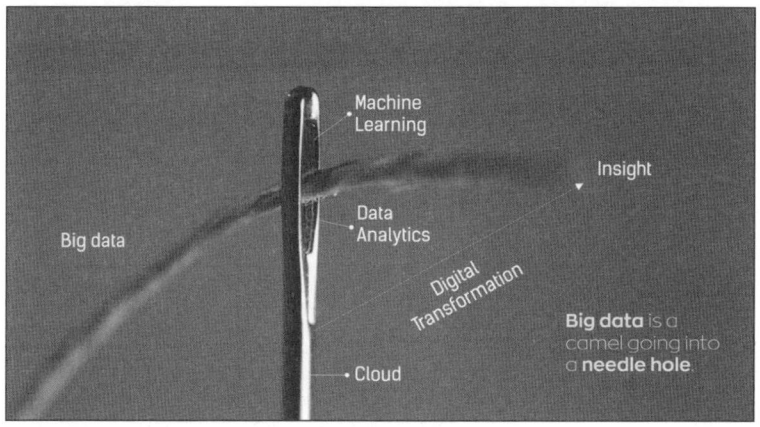

*빅데이터를 실과 바늘에 비유해서 만든 강의 오프닝 슬라이드

건설사 공공사업본부에서 안전교육을 한다면 어떤 오프닝이 좋을까요? 멋지고 화려한 것보다는 누구나 있을 수 있는 그런 생활 속 장면에 귀를 기울입니다. 그리고 담담히 담아내면 됩니다.

*건설사 안전 교육을 자녀의 일화로 녹여낸 오프닝

강의 오프닝과 엔딩 작업을 할 때는 강의 슬라이드 프로토타입 앞쪽과 뒤쪽에 3장씩 넣어서 전체 프로토타입을 완성해 나가도록 합니다.

*오프닝과 엔딩까지 포함한 강의 프로토타입 구성

Prototype
Title 01 - CS라는 마라톤 완주하기

01

오프닝

오래 달리는 것은
누구나 힘든 거예요.

시작이 중요한
5Km

02

Part 01

숨 고르기

고객이 원하는 것은?

고객 평가
리뷰

03

Part 02

속도 내기

우리가 바라보는 방향은?

CS
장기 레이스

Title 02 - 서울 본부 CS 역량 고도화

횟수가 필요한 하프 코스	실전이 가능한 풀 코스
고객 니즈 도출	고객 실체화 적용
회사의 CS 전략	본부의 CS 전술

Prototype
Title 01 - CS라는 마라톤 완주하기

01

Part 03
유지하기
변화를 실천하는 방법은?

선진 사례
분석

02

Part 04
팀 실습
CS 마라톤 계획표 짜기

5Km
계획표

03

엔딩
마라톤을 완주하는
당신을 응원합니다.

속도가 낮을 때는
페이스 메이커를.

Title 02 - 서울 본부 CS 역량 고도화

변화 실천 5계명	가치 실현 포상
하프 코스 계획표	풀 코스 계획표
지구력이 부족하면 평상시 훈련량을~	완주의 기쁨은 모두가 함께.

Prototype

Title 01 -

01
오프닝

02
Part 01

03
Part 02

Title 02 -

Prototype

Title 01 -

01 Part 03

02 Part 04

03 엔딩

Title 02 -

꼭 바꿔야 할 것과
꼭 지켜야 할 것

"오랫동안 계속 강의를 발전시키려면 어떤 것을 지켜야 하나요?"

실무를 꾸준히 하면서 저술과 강의를 오랫동안 해 온 터라 강의 중간 쉬는 시간이면 질문이 쏟아진다. 대부분 책을 쓰는 법, 스토리텔링, 아이디어 도출과 같은 것들이 많다. 그중 오랜 기간 강의를 할 수 있는 비결을 묻는 말에 대한 답은 간단하다.

"강의 전에는 4개를 꼭 바꾸고. 1개는 안 바꾸죠."
"그게 뭔데요?"
"4개는 제목, 컨셉 표지, 오프닝, 목차를 말해요."
"그럼 꼭 지키는 것은요?"
"그 4개를 항상 바꾼다는 것을 지키는 거죠."

Episode 15

강의 때마다 자신과의 약속을 지키기는 쉽지 않다. 특히 마지막 하나가 가장 어렵다. 하지만 이런 노력은 교육생에 대한 최소한의 예의가 될 것이고, 나 스스로에 대한 자긍심 지키기가 될 것이라 믿고 있다. 이 글을 쓰는 지금도 공개 교육과정 빼고는 모든 강의의 4개 요소를 늘 고민해서 바꾸고 있다.

강사가 교육생에게 약속할 것이 몇 가지 있다. 100% 지키면 좋겠지만 어렵다면 지키려고 노력하는 모습 또한 아름답다. 그렇게 믿고 있다.

1. 늘 새로울 것
2. 청중을 헤아려 고민과 니즈를 찾을 것
3. 깊게 살펴보고 수준을 맞출 것
4. 강사로서 내뱉은 말에 책임을 질 것
5. 언제나 최선을 다할 것

03 내 것은 국제 표준인데 왜 맞지 않죠?

표준 교안, 강의 슬라이드, 교재의 삼각 관계

"무인도로 가져갈 물건 3가지를 고르시오!"

"네. 저라면 애인보다는 스마트폰, 고추장, 그리고 올인원 멀티 플러그를 가지고 가겠습니다."

해외여행 잇-아이템은 다름 아닌 멀티 플러그입니다. 언제부터인가 스마트폰이 없는 세상은 꿈꿀 수도 없으니 나라마다 다른 전압에 맞춰서 충전 준비를 해야 하기 때문이죠. 강사라면 나라별 전압보다 날마다 다른 교육 상황을 눈여겨보고 철저한 준비가 필요할 겁니다.

표준 교안은 장롱에

많은 강사가 회사에서 만들어준 표준 교안을 그대로 강의에서 사용하고 있지만 훌륭한 강의를 하고 싶다면 관점과 습관을 바꿀 때가 되었습니다.

표준교안은 한마디로 '이것저것 만큼은 강의에 포함되어야 합니다.'라고 외치는 녀석이죠. 그래서 꾸준히 업데이트를 하고, 수정 보완해 놓는 말 그대로 '표준'을 말합니다. 그러므로 강의 때마다 표준 교안을 교육생들에게 내미는 것은 익지 않은 고기를 고객에게 내미는 것과 다름없습니다.

부부라도 좋아하는 스테이크 굽기 정도가 다르듯 다양한 입맛의 교육생에게 똑같은 표준 교안으로 강의한다는 것은 좋은 선택이 될 수 없습니다. 표준 교안의 내용은 강의 변수에 따라 조절되어야 하고 그 결과는 교재(워크북)와 강의 슬라이드로 나타나야 합니다.

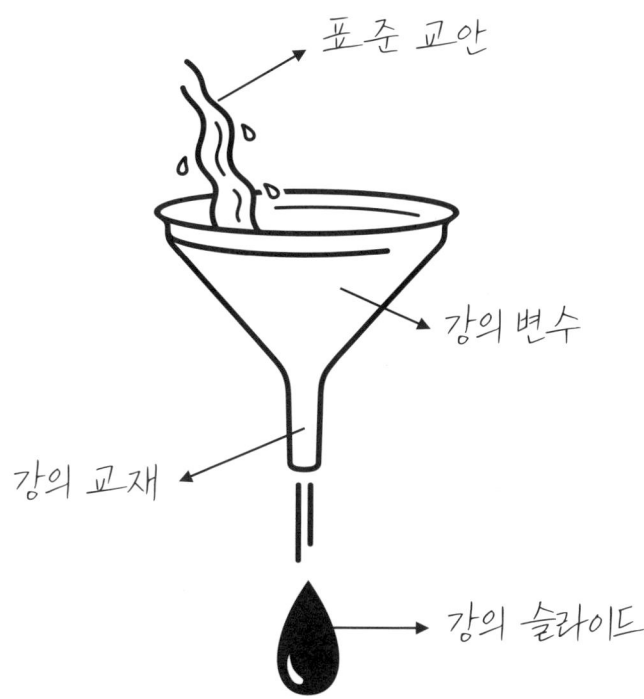

워크북은 소리 나게

강의 슬라이드에 있는 내용, 강사가 전달하는 내용, 그리고 강의 유인물(교재, 워크북)까지 모두 같다면 강의장은 점점 고요해집니다. 왜냐하면, 교육에 집중하지 않아도 나중에 돌아가서 교재를 보면 될 테니까요.

이런 강의는 대체로 만족도 점수도 높지 않습니다. 대상이 다르더라도 같은 강의안과 교재를 가지고 강의를 했을 것이고 그만큼 강사가 신경을 많이 쓰지 않았다는 추측을 할 수 있게 합니다.

교재는 워크북 형태가 좋은데 '교육에 필요한 활동 기록지' 정도로 보면 됩니다. 특히 모든 내용을 담지 말고 핵심만 담고 나머지는 블링크(비워두기) 처리를 해서 교육생 스스로 작성하게 합니다. 그래야 몸으로 활동하면서 시끌벅적 의지를 불태울 수 있습니다. 모든 것을 기록해주고 담아주는 것이 교육생을 위한다는 생각은 잠시 꺼두어야 합니다.

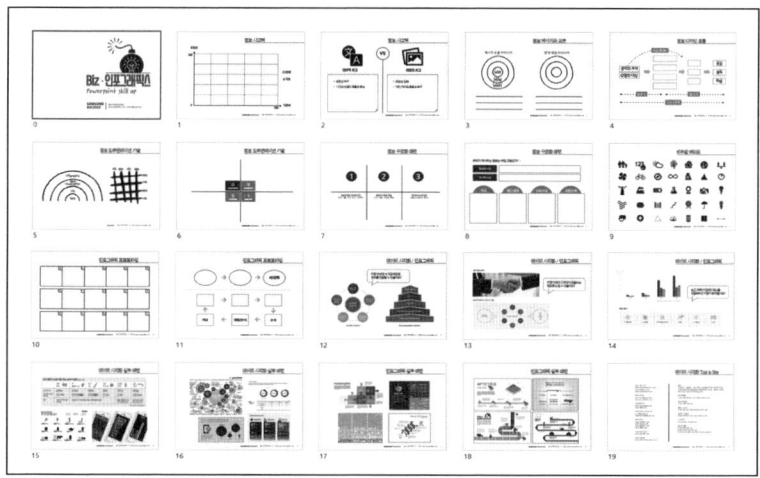

*블링크 처리된 워크북, 교육생이 직접 작성해야 한다.

강의 슬라이드는 빠르게

강의 슬라이드 작성에서 중요한 키는 빠르게 결과를 만드는 것입니다. 아무리 좋아도 완성하지 못하면 아무런 의미가 없기 때문인데 이때는 컨셉과 스토리가 탄탄해야 가능합니다.

강의 슬라이드 작성에 많은 시간을 투자해서는 안 됩니다. 오히려 강의 준비와 설계에 시간을 많이 할당한 후 작성 표현은 최소한의 시간만을 사용해야 하죠. 그러니 강사라면 생각을 표현하는 정도의 실력은 겸비해야 합니다.

*5개 파트로 나눈 후 각 주제를 히어로와 연결하여 재미있게 풀었다.

*스토리가 있으면 파트 슬라이드도 흐름에 따라 쉽게 작성 가능하다.

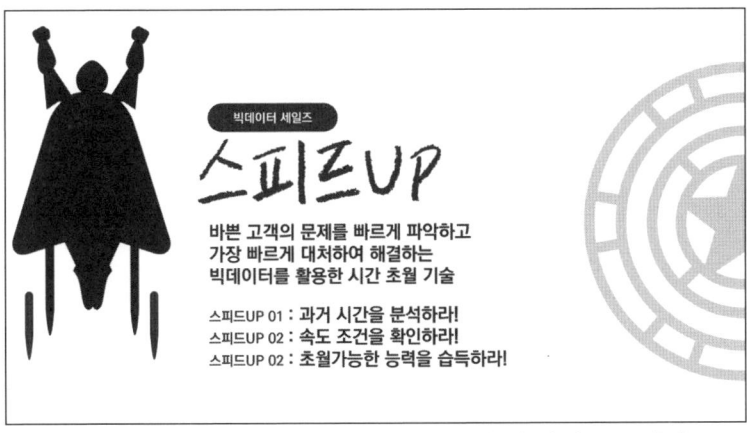

*강의는 시각화 작업보다 글쓰는 시간이 훨씬 더 많이 소요된다.

표준은 지키라고 있는 거 아닌가요?

"뭐가 틀렸는지 모르겠는데요."

도와주려고 했는데 오히려 화를 부추긴 셈이 되었다. 표준교안 대로 강의했는데 강의 평가에서 왜 자신이 낮은 점수를 받았는지 모르겠다고 하소연한다.

"잘못한 게 아니라, 좀 다르게 생각해 봐야 해요."

표준 교안은 말 그대로 표준일 뿐이다. 관련 강의에 들어갈 핵심 내용과 데이터 자료들을 모아 놓은 창고 같은 곳. A, B 강사가 있을 때 똑같은 표준 교안으로 강의했을 때 수준 차이가 나는 이유는 강의 경험과 노하우 때문도 있겠지만 더 큰 이유는 표준 교안을 변경했는지 그 유무에 따라 판가름 난다.

Episode 16

표준 교안을 자기식으로 새롭게 바꿔서 사용하는 강사들의 대답도 비슷하다.

"표준 교안은 실무자 중심의 요약본인데 이번 강의는 신입사원이어서요. 핵심만 추리고 사례를 가장 쉬운 것으로 변경해서 구성했어요."

짝짝짝. '참 잘했어요' 도장을 마구마구 찍어주고 싶은 마음이다. 자신에게 주어진 강의 주제와 내용을 잘 알고 있고, 교육 대상을 충분히 파악해서 대응했으며, 사례와 내용도 일부 조정했기 때문이다.

표준 교안을 자신의 경험으로 완성할 때 주의사항은 대상이 달라지더라도 핵심과 전달받는 메시지의 범위는 일치해야 한다는 것이다. 이것만 수위를 조절할 수 있다면 강의 평가 점수 때문에 머리 아플 이유가 없는 베테랑 강사가 될 수 있다.

04 죽은 강의도 살린다는 강의 디자인

강의 디자인, 이미지, 서식에 대한 오해 풀기

*디자인(Design)이란?
라틴어의 데시그나레(designare)에서 유래. '의미하다', '지시하다', '계획하다', '표현하다'의 뜻. 그 어디에도 '이쁘게 만든다'는 없다.

없죠. 하지만 그런 발명품이 세상에 존재한다면 얼마나 좋을까요? 그 대신 '죽은 빵도 살리는 토스터기'라는 별명이 붙은 토스터가 있긴 합니다. 이 별명으로 판매에 날개를 달았죠.

강의를 잘하고 싶은 강사일수록 강의 속 화려한 디자인을 선호하게 됩니다. 아무래도 이쁘고 멋지면 좋다는 인식은 누구나 가지고 있으니까요. 하지만 그거 아세요? 내용은 5년 전 그대로인데 디자인만 화려해진 강의안이 더 슬프다는 거. 디자인의 어원도 그걸 증명해주고 있네요.

디자인은 강약 조절만

"강의 슬라이드 디자인은 너무 어려워요."

강의 슬라이드 제작을 할 때 모든 것을 완벽하게 표현하고 효과를 줘야 한다는 생각은 오히려 독이 됩니다. 무엇을 강조할 것인지를 결정한 후 나머지는 모두 약하고, 얇고, 연하게 만들어서 중요도에 따른 대비 값을 높여주세요. 가독성과 시인성 모두 디자인 수준이 올라갈 겁니다.

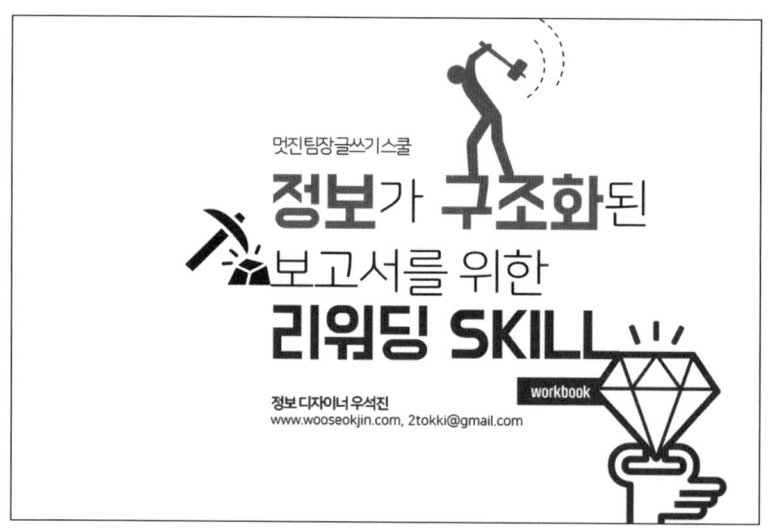

*강의 디자인에서는 주와 부를 구분하여 강조하고 약화시킨다.

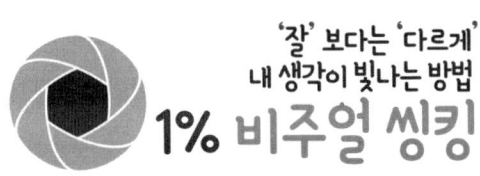

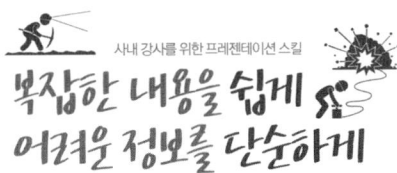

*이미지, 컬러, 폰트, 음영 모두 대비 값을 높여야 한다.

폰트는 메시지 느낌 따라

"강의에는 어떤 폰트가 좋아요?"

어떤 폰트를 사용할지는 어떤 메시지인가에 따라 다르게 결정됩니다. 메시지의 무게, 감정, 스피드를 생각해보고 결정하면 쉽습니다.

도현	**자동차 공학**
Kopub 돋움	**법인 영업력**
나눔 고딕	**회계 시스템**
몬소리	**고객 마케팅**
예스	**팀장 역량 강화**

강의 제목이라고 무조건 고딕류가 정답이 될 수 없죠. 정신, 심리, 사회, 공헌, 소통, 창의와 같은 주제의 강의들은 오히려 명조 계열이 더 어울립니다. 말하듯 건네는 메시지는 손글씨 계열이 더 마음을 따뜻하게 합니다. 제시하는 폰트는 모두 저작권 무료이니 검색 후 다운받아 사용하세요.

90년생 심리학   조선일보명조

비주얼 씽킹과 창의   야놀자

커뮤니케이션   서울 한강

사회적 책임이란?   대한

아빠! 안전운행 하세요!   나눔 느릿느릿

이미지형식은 감성 뿜뿜

이미지는 감정에 호소하기 때문에 강의에서 설득 효과가 매우 크지만, 주제와 어울리는 사진을 찾는 것과 작업이 조금 까다롭습니다. 이미지를 구할 때는 작가들이 촬영한 사진도 좋지만, 필요에 따라서는 강사 스스로 촬영해서 사용하면 수강생들에게는 더 큰 매력으로 다가옵니다.

무료 저작권 이미지가 필요할 땐

www.pexels.com

www.pixabay.com

*실제 차량의 사이드 미러를 근접 촬영한 후 강의에 사용한 경우

*무료 사이트에서 강의 내용에 맞게 사진을 찾아 사용한 경우

*강사의 특별한 과거 직업을 컨셉으로 활용해서 만든 사례

*사진을 두 개로 쪼개서 배치. 제목은 '안아 줘' 노랫말 빌리기

아이콘 형식은 깔끔 세련

강의 슬라이드를 자유롭게 수정 편집하고 싶을 때 강력한 우승 후보는 아이콘 형식의 슬라이드입니다. 아이콘은 상징성 픽토그램, 로고, 심벌, 클립아트라는 벡터 방식 그래픽을 위주로 사용하므로 심플하고 세련된 느낌을 줍니다.

수정 편집용 아이콘과 픽토그램을 구할 때는
www.thenounproject.com
www.flaticon.com
www.iconmonstr.com

*제안서 작성과 발표를 산에 오르는 상황으로 비유해서 만든 강의

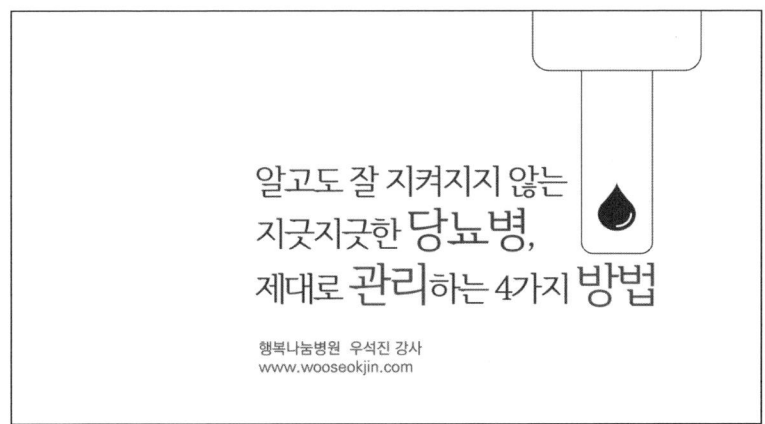

*환우와 보호자의 고민과 소망을 아이콘으로 담아낸 경우

*필요 역량 각 파트를 상징하는 픽토그램을 선정해서 풀어나간 경우

PART 05

강의 디자인
수련

열정

70대 피카소와 어깨를 나란히 했던
30대의 청년 베르나르 뷔페.
50년간 8,000점의 작품을 남겼는데
파킨슨병으로 더 이상 작업이 힘들어지자
스스로 목숨을 끊었다.

1999년 베르나르 뷔페는
파킨슨병으로 사망했다
아니 자살했다

친구에게 라면을 색다르게 끓이는 방법을 강의하세요. (5분)

1. 친구들은 라면을 끓이면서 어떤 고민을 할까?

2. 나만의 라면 끓이는 비법은 무엇이 다를까?

3. 어떻게 쉽게 이해하도록 구성해야 할까?

❶

---

❷

강의 제목은 두 개를 작성해요.
1은 의도와 메시지(감성), 2는 실제 라면을 끓이는 방법 제시(논리)

❸

스토리 목차는 3개로 구성하고
순서별로 설명을 달아주세요.

❹

❺

60대 퇴직자(남)에게 토스트를 맛있게 만드는 방법을 강의하세요. (10분)

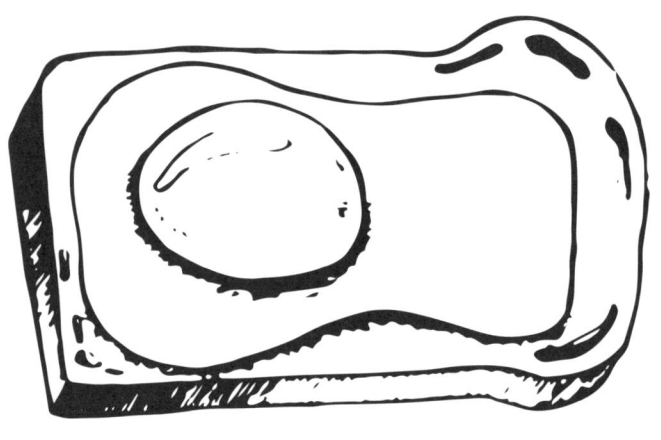

1. 60대 퇴직자들은 토스트를 어떻게 생각할까?
2. 맛있는 토스트가 필요한 이유는 무엇일까?
3. 가장 쉽고 간편하게 만드는 방법이 있을까?

❶ _____

❷ _____

강의 제목은 두 개를 작성해요.
1은 의도와 메시지(감성), 2는 실제 토스트를 만드는 방법(논리)

❸

스토리 목차는 3개로 구성하고
순서별로 설명을 달아주세요.

❹

❺

반려동물과 함께하는 삶을 중2에게 들려주세요. (30분)

오프닝 아이디어	엔딩 아이디어

❶ _____

❷ _____

강의 제목은 두 개를 작성해요.
1은 의도와 메시지(감성), 2는 반려동물과 함께 살아가는 법(논리)

스토리 목차는 3개로 구성하고
순서별로 설명을 달아주세요.

직무 분야 (　　　　　　　)을/를
마스터하는 방법을 강의하세요. (30분)

- 교육 대상 :

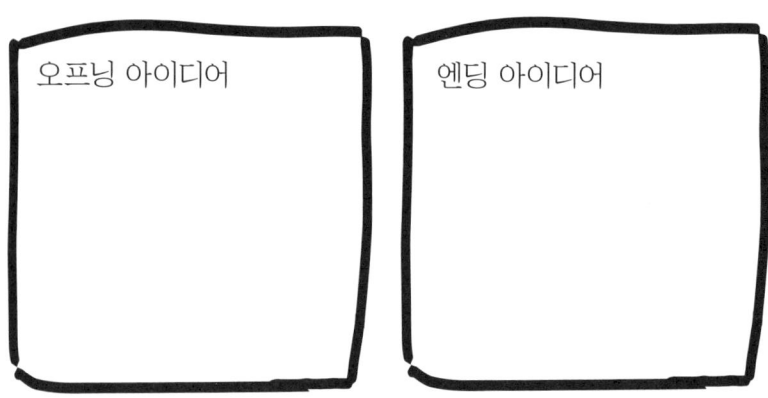

오프닝 아이디어

엔딩 아이디어

_____

 _____

강의 제목은 두 개를 작성해요.
1은 의도와 메시지(감성), 2는 실제 마스터할 수 있는 방법(논리)

❸

스토리 목차는 3개로 구성하고
순서별로 설명을 달아주세요.

❹

❺

직무 분야 (　　　　　　　　)을/를
마스터하는 방법을 강의하세요.(4시간)

- 교육 대상 :
- 시간 포트폴리오:

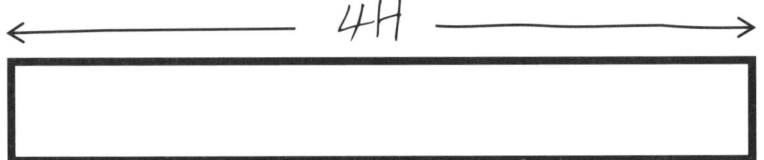

오프닝 아이디어	엔딩 아이디어

❶ _____

❷ _____

강의 제목은 두 개를 작성해요.
1은 의도와 메시지(감성), 2는 실제 마스터할 수 있는 방법(논리)

스토리 목차는 3개로 구성하고
순서별로 설명을 달아주세요.

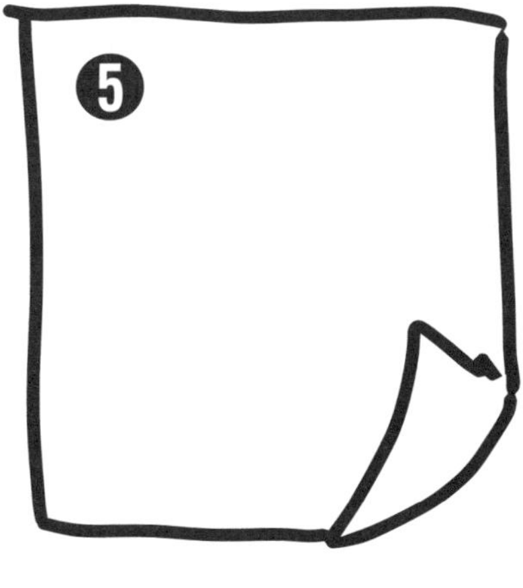

❸

❹

❺

워라밸(Work and Life Balance)의 중요성을
신입사원에게 강의하세요.(1시간)

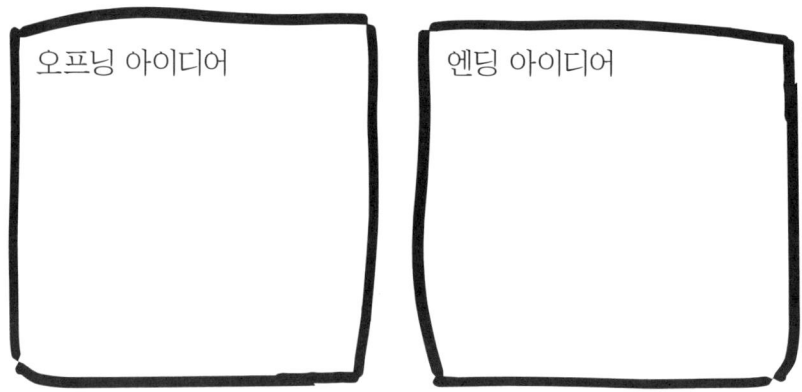

오프닝 아이디어

엔딩 아이디어

❶

❷

강의 제목은 두 개를 작성해요.
1은 의도와 메시지(감성), 2는 실제 워라밸을 위한 방법 제시(논리)

❸

스토리 목차는 3개로 구성하고
순서별로 설명을 달아주세요.

❹

❺

워라밸(Work and Life Balance)의 중요성을
임원진에게 강의하세요.(1시간)

오프닝 아이디어	엔딩 아이디어

❶ _____

❷ _____

강의 제목은 두 개를 작성해요.
1은 의도와 메시지(감성), 2는 실제 워라밸을 위한 방법 제시(논리)

스토리 목차는 3개로 구성하고 순서별로 설명을 달아주세요.

❸

❹

❺

당신이 생각하는 멋진 인생을 대학생들에게 들려주세요.(1시간 특강)

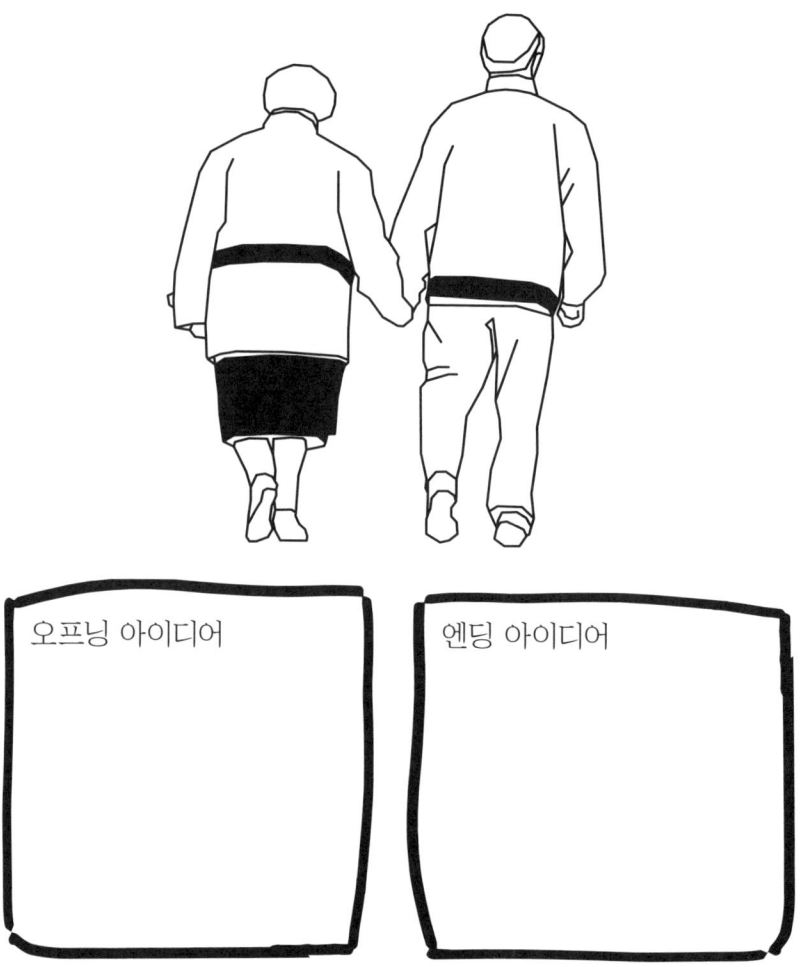

오프닝 아이디어

엔딩 아이디어

❶ _____

❷ _____

강의 제목은 두 개를 작성해요.
1은 의도와 메시지(감성), 2는 실제 인생에 대한 이야기로(논리)

❸

스토리 목차는 3개로 구성하고
순서별로 설명을 달아주세요.

❹

❺

'생각을 새롭게 바꾸자'를 테마로
조직 활성화 강의를 하세요.(2시간)

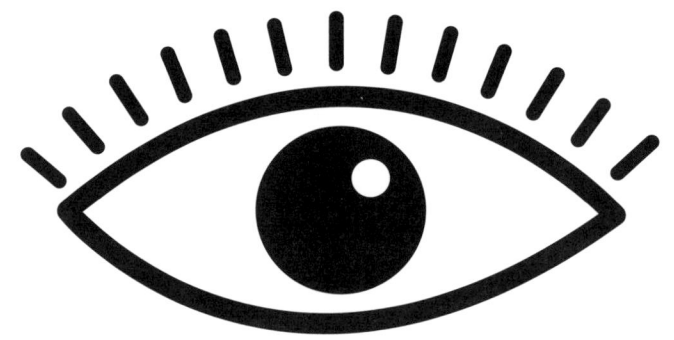

- 교육 대상 :

오프닝 아이디어	엔딩 아이디어

❶ _____

❷ _____

강의 제목은 두 개를 작성해요.
1은 의도와 메시지(감성), 2는 조직 활성화 이야기로(논리)

❸

목차는 3개로 구성하고
순서별로 설명을 달아주세요.

❹

❺

홈쇼핑에서 나의 강의를 판매합니다.
세일즈 포인트를 알려주세요. (30분)

1. 비슷한 상품(강의)과의 차별 포인트는?

2. 이 강의가 새롭고 놀라운 것 3가지는?

3. 강의를 수강하면 달라지는 변화는?

❶ _____

❷ _____

강의 세일즈 제목은 두 개를 작성해요.
1은 의도와 메시지(감성), 2는 실제 배우는 내용에 대한 정보(논리)

광고 피켓은 3개로 구성하고
순서별로 설명을 달아주세요.

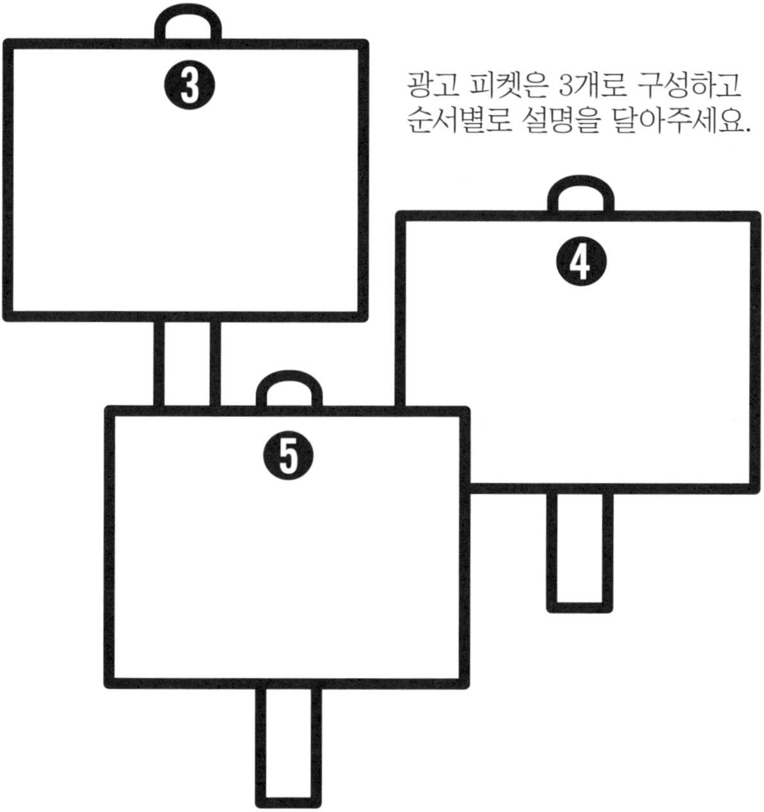

유튜브에서 나의 강의를 광고합니다.
킬링 메시지를 알려주세요.(15초)

제목 01
_____

제목 02
_____

강의 홍보 헤드라인은 두 개를 작성해요.
1은 의도와 메시지(감성), 2는 실제 학습을 통한 이익이나 가치(논리)

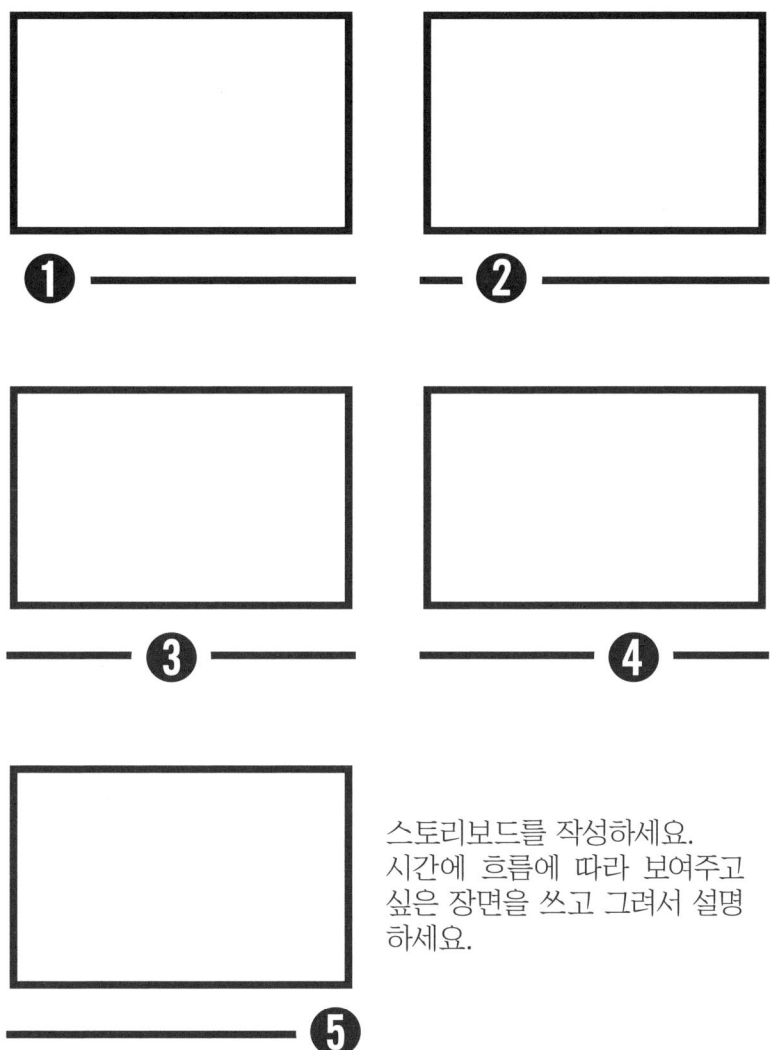

스토리보드를 작성하세요.
시간에 흐름에 따라 보여주고 싶은 장면을 쓰고 그려서 설명하세요.

Epilogue

작은 불씨를 마음으로 옮길 수 있도록

도몬 후유지의 장편 소설 '불씨'에서는 17세 젊은 지도자가 얼어붙은 나라의 부패와 타락에 맞서 싸우면서 작은 불씨를 키워나가는 장면을 가슴 벅차도록 생생하게 묘사하고 있습니다.

"정수리만 보지 않았으면 좋겠어요."

강사는 교육생 때문에 속상합니다. 하지만 그들도 나름의 이유가 있을 겁니다. 아까운 황금 시간을 쪼개서 참석했는데 3년 전 들었던 강의와 똑같거나 책과 같은 강의를 듣자니 자는 게 자기 인생에 도움이 될 거라 생각할 수도 있으니까요.

그래서 도저히 잘 수 없도록 논리와 감성을 흔들어 깨워주는 강사가 필요합니다. 이 책이 그런 여러분의 불쏘시개가 되었으면 좋겠습니다.

저자 우석진

컨셉 오프닝으로 교육생을
공감 울타리에 가두고 싶다면?

우석진의
1% 강의 디자인

오프라인 교육 과정

강의 정보 디자인	• 강의를 나답게 준비하는 방법 • 나(강사)와 교육생 분석하기 Empathy MAP • 나의 강의 One Page Summary
강의 설계 디자인	• 새롭게 설계하는 강의 Profile • 강의 컨셉과 스토리 도출하기 • 메시지형 헤드라인 작성하기 • 스토리가 담긴 목차 구성하기
강의 작성 디자인	• 강의 Prototype 만들기 • 강의 오프닝 만들기 • 샘플링 강의 슬라이드 만들기 • 정보 · 메시지 슬라이드 디자인 • 나에게 맞는 강의 슬라이드 디자인

멀티캠퍼스 ☎ 1544-9001
www.multicampus.com